関ヶ原合戦を復元する

水野伍貴

星海社

271
SEIKAISHA SHINSHO

はじめに

本書は、関ヶ原《せきがはら》合戦の布陣《ふじん》や経過など、決戦当日の様子を復元していくことをテーマとする。周知のとおり、関ヶ原合戦とは、慶長《けいちょう》五年（一六〇〇）九月十五日、徳川家康《とくがわいえやす》率いる東軍が、石田三成《いしだみつなり》をはじめとする西軍を破った戦いであり、日本史上、有名な戦いの一つに挙げられる。

なかでも、家康が家来に松尾山《まつおやま》への一斉射撃を命じる場面は、合戦のクライマックスと言っていい。この一斉射撃は、『関原軍記《せきがはらぐんき》大成《たいせい》』に「誘鉄炮」、『濃州《のうしゅう》関ヶ原合戦之《せきがはらかっせんの》聞書《ききがき》』には「とい鉄炮」、『日本戦史《にほんせんし》・関原役《せきがはらえき》』では「誘導の銃」と記されており、小早川秀秋《こばやかわひであき》の寝返りを促す引き金として、合戦の転換点に位置づけられている。

ところが、東軍の最前線から松尾山まで約一・三㎞の距離があり、射撃を認識できないと考えられる点などから、一斉射撃によって小早川秀秋が寝返ったとする逸話は約四十年前から疑義が唱えられていた（藤本：一九八四）。そして、近年では白峰旬《しらみねじゅん》氏が、一斉射撃の逸話は『井伊家慶長記《いいけけいちょうき》』が初見であり、その内容は、藤堂高虎《とうどうたかとら》が秀秋の陣に空砲を打ち込み、秀秋が反撃して来ないのを見て、寝返りは疑いないと確信したという別の話であったと指摘し、さらに逸話の変遷を整理したことで、文献史学の面からも否定がおこなわれた(白峰：二〇一四)。

合戦の山場が否定されたことで関ヶ原合戦のイメージは大きく変わった。時代考証に力を入れた映像作品の中には、一斉射撃の逸話を外しているものもある。

関ヶ原合戦のイメージに影響を与える新説は、ほかにもある。その中で最もインパクトがあるのは、小早川秀秋が寝返ったのは開戦と同時で、合戦は瞬時に終わったとする説であろう(この説は本書の第六章でとりあげる)。

近年の新説を繋《つな》ぎ合わせていくと、関ヶ原合戦のイメージは、東軍が西軍を瞬時に破った一方的な殲滅戦という「つまらない」ものとなる。

だが、これには素朴な疑問がある。新説が謳《うた》うような一方的な殲滅戦であったならば、徳川政権にとって家康の武威《ぶい》を示す格好の材料となる。しかし、酒井忠勝《さかいただかつ》の命によって林羅《はやしら》山《ざん》・鵞峰《がほう》父子が編纂した『関原始末記《せきがはらしまつき》』(明暦《めいれき》二年〈一六五六〉成立)でさえ、一進一退の攻防が続いた後、秀秋の寝返りによって形勢が動いたとしている。何故わざわざ一方的な殲滅戦であったものを接戦と偽る必要があるのであろうか。

本書では、近年の新説を検討してゆくとともに、比較的信憑性の高い史料を基にした考察によって、決戦当日の様子を復元していく。

本書における史料の扱い方について

一　史料の高下について

本書では、書状や日記、いわゆる一次史料を中心に進めていくが、必要に応じて二次史料も活用していく。活用する二次史料は、関ヶ原合戦に参戦した当事者の覚書《おぼえがき》、『寛永諸《かんえいしょ》家系図伝《かけいずでん》』の編纂にあたって作成された覚書や、『寛永諸家系図伝』の記述が中心となる。『寛永諸家系図伝』は、大名・旗本《はたもと》約千四百余家の系図集である。寛永《かんえい》十八年（一六四一）に徳川家光《とくがわいえみつ》の命によって編纂が開始され、同二十年に完成している。

系図という性格上、御家《おいえ》の顕彰《けんしょう》というバイアスが掛《か》かっている点は留意しなくてはならないが、諸将の布陣《ふじん》地を比定する上では、各家で作成された記録の方が、他者によって作られた史料よりも情報の精度は高いといえよう。

また、『寛永諸家系図伝』の編纂にあたって、水野勝成《みずのかつなり》が寛永十八年五月付で覚書を幕府に提出しているように、関ヶ原合戦を経験した者の記憶が反映されている事例も少なくない。
関ヶ原合戦を経験した者が残っていた時期に、各家が当事者の記憶を集約して作成した史料や、それを基《もと》に成立した『寛永諸家系図伝』は、関ヶ原合戦の布陣を考察していく上で有益な史料といえる。

本稿では、①一次史料、②当事者の覚書、③『寛永諸家系図伝』の編纂にあたって作成された覚書、④『寛永諸家系図伝』、の順に史料の高下をつけて扱い、必要に応じて十六世紀中頃までに成立した軍記を補助として用いたい。

二　『関ヶ原御合戦双紙』の史料批判

次に『関ヶ原《せきがはら》御《ご》合戦《かっせん》双紙《ぞうし》』に対する本書の扱い方について述べたい。『関ヶ原御合戦双紙』は、『信長公記《しんちょうこうき》』の著者として有名な太田牛一《おおたうしかず》が著した関ヶ原合戦の軍記《ぐんき》である。山科言経《やましなときつね》の日記『言経卿記《ときつねきょうき》』によると、慶長《けいちょう》六年（一六〇一）十二月七日に言経は家康の所で『関ヶ原御合戦双紙』を閲覧したとあるため、慶長六年十二月には『関ヶ原御合戦双紙』は概ね出来上がっていたと推測できる。成立の早さからいえば、その史料的価値は一次史料に準じるように感じられる。しかし、くり返し増補されており、諸本によって成立年および内容が異なる点を留意しなくてはならない。

伝存する自筆本のうち、成立年がわかるのは、蓬左《ほうさ》文庫《ぶんこ》所蔵の自筆本〈以下、蓬左文庫本と表記〉のみであり、奥書によって慶長十二年（一六〇七）の成立であることがわかる。

大和文華館も自筆本〈以下、大和文華館本と表記〉を所蔵しているが、成立年は不明である。しかし、蓬左文庫本が慶長十二年の平岩親吉《ひらいわちかよし》の清須《きよす》（愛知県清須市）入城までを記載しているのに対して、大和文華館本は慶長五年十月一日の石田三成の斬首で終えているため、成立は慶長十二年以前と考えられる。

天保十五年（一八四四）の写《うつし》ではあるが、杤山斉氏所蔵本〈以下、杤山家本と表記〉も、慶長五年十月一日の石田三成の斬首で終えている。そして、大和文華館本と蓬左文庫本と比べて簡略で未整理な状態であり、二つの諸本とは異なる自筆本を模写したと考えられている（大澤：二〇〇九）。書写原本の成立年は不明である。

三つの諸本では、杤山家本の書写原本、大和文華館本、蓬左文庫本の順に成立したといえる。しかし、成立年が明確なのは、前述のとおり蓬左文庫本の慶長十二年のみであり、杤山家本の書写原本と、大和文華館本は、慶長十二年以前としかわからない。

しかし、たとえ慶長十二年であっても、関ヶ原合戦から七年しか経過しておらず、史料的価値は高い。だが、『関ヶ原御合戦双紙』の問題は増補にある。太田牛一は、旗本・坪内《つぼうち》利定《としさだ》に宛てた書状において、利定の息子四人の名を『関ヶ原御合戦双紙』に書き加えたと述べている（『坪内文書』）。

大和文華館本では、小坂雄長《おさかおなが》、安孫子《あびこ》善十郎、稲熊《いなぐま》市左衛門、兼松正吉《かねまつまさよし》が功名を立てたと記されている。だが、蓬左文庫本になると、兼松正吉の後に「坪内喜太郎（利定）、子共四人、宗兵衛（家定）・可兵衛（定吉）・佐左衛門（正定）・太郎兵衛（安定）、谷理右衛門」が追記されている。

太田牛一が坪内利定に宛てた書状から、利定の息子四人は利定の要望によって追加されたと判断できる。おそらく、利定の名も本人の要望で追加されたと思われ、谷理右衛門も同様の経緯（本人の要望）で加えられたと推測できる。なお、管見の限りでは谷理右衛門が如何なる人物か不明である。

後年、小折《こおり》（愛知県江南市）領主・生駒利豊《いこまとしとよ》は、坪内定次《さだつぐ》（家定の子）へ宛てた返書において関ヶ原合戦の様子を語っている（『生駒陸彦氏所蔵文書』）。文中に小坂雄長、安孫子善十郎、稲熊市左衛門、兼松正吉の名はみえるが、坪内利定と息子四人、谷理右衛門の名はない。

理由として、生駒利豊や小坂雄長らは尾張《おわり》衆であり、福島正則《ふくしままさのり》に属して宇喜多秀家《うきたひでいえ》と交戦しているが、徳川家臣の坪内利定は、井伊直政《いいなおまさ》に属して戦っており、戦った場所が異なるためと考えられる。

『関ヶ原御合戦双紙』の記述についても、本来、福島隊に属した尾張衆の活躍を述べた件《くだり》であったと思われるが、利定の要望によって別の場所で戦っていた利定父子が加えられたと推測できる。利定の息子四人の戦功は、それぞれ首級一つであり、（尾張衆の活躍のように一区域に限定した記述ならばともかく）戦場全体でみれば特筆する戦果ではない。

牛一の加筆は、客観性を欠いたものといえる。それ故か、林羅山《はやしらざん》・鵞峰《がほう》父子が編纂した『関原《せきがはら》始末記《しまつき》』（明暦《めいれき》二年〈一六五六〉成立）では、（息子四人は省かれ）利定のみが記されている。

太田牛一は坪内利定宛ての書状で、利定の息子四人の名を加えた『関ヶ原御合戦双紙』を利定に渡したいが、他所から書写の要望を受けて貸し出していると述べている。『言経卿記』にも話題に上っているように、『関ヶ原御合戦双紙』は周囲の関心を引いていたといえる。ゆえに坪内利定は自家の勲功を喧伝するために、息子四人の名を加えるように要望したのであろう。利定と同様の行動をとった者が他にもいたことは、想像に難くない。

家譜や家記などの史料は、御家の顕彰というバイアスが掛かっているが、基本的には作成者側にしか掛かっていないため、留意すべき点が分かりやすい。一方で『関ヶ原御合戦双紙』は、御家の顕彰という動きが多面的におこなわれているため、全体に注意を払わなくてはならない。

『関ヶ原御合戦双紙』は早期に成立したとはいえ、あくまで二次史料（軍記）である。二次史料は、情報を精査した上で編纂がおこなわれ、更新される度に精度を増していくのが望ましい。

しかし『関ヶ原御合戦双紙』は、大和文華館本では、関ヶ原合戦で黒田《くろだ》長政《ながまさ》、加藤《かとう》嘉明《よしあき》（茂勝）、細川《ほそかわ》（長岡）忠興《ただおき》が北国脇往還《ほっこくわきおうかん》を攻め上ったとするが、蓬左文庫本になると三名は、福島正則や井伊直政らとともに東山道《とうさんどう》（中山道）を攻め上ったとされている。第四章で述べるように大和文華館本の方が正しい。

また、杤山家本では大垣城《おおがき》（岐阜県大垣市）の攻城軍には水野勝成のみが記され、勝成が相良《さがら》頼房《よりふさ》（長毎）から垣見《かきみ》一直《かずなお》らの首《くび》を受け取った日にちは、九月十七日と正確に記されている。しかし、大和文華館本と蓬左文庫本は九月十六日となっており、更新によって誤った方へ向かっている。そして、大和文華館本と蓬左文庫本では、攻城軍に水野勝成と共に津軽為信《つがるためのぶ》の名を記すが、勝成と両頭で動いていたのは松平《まつだいら》（戸田）康長《やすなが》であるほか、大垣城攻めに参戦した大名家の史料からは津軽為信の名を確認できない。津軽為信が攻城軍にいたとしても、領国である陸奥堀越《ほりこし》（青森県弘前市）からの出陣とは考え難いため、備《そなえ》（部隊）を構成できるほどの軍勢を率いていたか疑問である。松平康長を差し置いて津軽為信が記されている点もまた、客観性を欠いた加筆といえる。

『関ヶ原御合戦双紙』が、更新によって誤った方へ向かう可能性を含んでいるのは、坪内利定の事例にみられるように、内容に介入する者の存在が大きく作用していよう。よって、三つの諸本の信憑性の高下は、他者の介入を受けていないほど高くなり、杤山家本、次いで大和文華館本、蓬左文庫本の順となる。

本書で『関ヶ原御合戦双紙』の記述を扱う際は、成立の早さを過信せず、他の史料と照合しながら慎重に扱っていく。また、扱う際は基本的に杤山家本の記述を用いるが、大和文華館本や蓬左文庫本の記述を用いる際は、『関ヶ原御合戦双紙（大和文華館本）』、『関ヶ原御合戦双紙（蓬左文庫本）』と表記する。

凡例

一、本書における史料の引用は、読みやすさを考慮して基本的に現代語訳にしている。ただし、原文のほうが伝わりやすいと思われるものについては読み下し文で引用している。また、イエズス会の史料の日本語訳は、松田毅一監訳『十六・七世紀イエズス会日本報告集』第Ⅰ期第3巻（同朋舎出版、一九八八年）から引用している。

一、本書での人名・地名の表記は、著名な名称で統一した。

一、本文に組み込まれた参考文献の表記は、煩雑さを避けるため略称を用いている。この内、『岐阜県中世城館跡総合調査報告書』第一集（岐阜県教育委員会、二〇〇二年）は、（岐教：二〇〇二）と表記している。

一、典拠となる史料の名称は省略せず表記しているが、『寛永諸家系図伝』は『寛永伝』と表記している。

目次

図版作成／ジェオ

序章

通説を振り返る

一　関ヶ原合戦の経過

　まずは、通説となっている関ヶ原合戦の経過をみていきたい。なぜ、通説について触れる必要があるかを述べると、近年の関ヶ原合戦に関連した書籍を見渡した時、通説のみを丁寧に解説した書籍は、まず見当たらないからである。二十年ほど前であれば、通説のみを載せた書籍で溢《あふ》れていたが、今では何かしら新説が盛り込まれている。近年では純粋に通説のみに触れられる機会が少なくなっているにもかかわらず、読者全員が認識する「通説」が同じであると決めつけて話を進めていくわけにはいかないからである。

　では、次に「通説」の基準をどこに置くかという問題がある。学校で使用される教科書に関ヶ原合戦の経過が掲載されていればよいが、そのようなことはない。公的なものに依拠すれば、明治二十六年（一八九三）に刊行された参謀本部編纂『日本戦史《にほんせんし》・関原役《せきがはらえき》』〈以下『日本戦史』と表記〉になるであろう。

　ここで「(年数を) 遡《さかのぼ》りすぎではないか」と感じられた方は多いに違いない。しかし、新説で溢れるようになったのは、十年ほど前からであり、それまでは『日本戦史』の内容が普通に使われていたのである。そして、近年にみられる新説はあくまで「新説」であって「定説」や「通説」となったわけではない。『日本戦史』の内容を通説とするのは妥当と思われる。

よって『日本戦史』をベースに、解説を加えながら戦闘の経過（通説）をみていくことにしたい。もっとも、関ヶ原合戦に詳しい方には本章は退屈と思われる。こうした方は本章を飛ばしていただいて構わない。また、本章は筆者の見解を述べているのではなく、通説の紹介であるため、本章で述べたことを次章以降で否定することは多々ある。あらかじめ承知いただきたい。

二　両軍、関ヶ原へ

慶長五年（一六〇〇）九月十四日午後五時頃、美濃国赤坂《みののくにあかさか》（岐阜県大垣市赤坂町）に本陣を構える徳川家康《とくがわいえやす》は、敵情を探らせていた間諜《かんちょう》から報告を受けていた。

そして諸隊に「大垣城《おおがき》（大垣市郭町）の敵は出て戦わぬ。いくらかの兵を残してこれに備え、本軍は明日出発。ただちに佐和山城《さわやま》（滋賀県彦根市）を攻め落とし、大坂《おおざか》に向かうぞ」

と命じた。そして、この情報を大垣城へ流した。

大垣城に籠る石田三成《いしだみつなり》は、「敵を直接大坂に向かわせるのは上策ではない。ここを出て関ヶ原で待ち受け、決戦しよう」と言い、衆議一決して大垣城を出陣した。城には福原長堯《ふくはらながたか》(直高)以下七将、七千五百の兵を残し、そのほかは牧田《まきだ》(大垣市上石津町)を経由して関ヶ原へ向かった。

『日本戦史』は、家康が率いる軍を「東軍」、三成らの軍を「西軍」と呼称している。当然ながら、当時そのように呼ばれていたわけではなく、便宜上の呼称である。

一般的には「徳川」対「豊臣《とよとみ》」のイメージが強いが、家康も豊臣秀頼《とよとみのひでより》への奉公を掲げており、両軍が「豊臣」軍を称した戦いであった。本来、関ヶ原合戦は豊臣政権の内部抗争にすぎず、天下人を決める戦いではなかったのである。大まかに述べるならば、家康の豊臣政権での執政を支持する側と、反家康派の戦いである。よって、本書も便宜上、家康らを「東軍」、三成らを「西軍」と呼称したい。

九月十四日午後七時、大雨のなか、密かに大垣城を出発した西軍は、翌十五日の午前一時に石田三成が小関《こぜき》(関ケ原町関ケ原)に陣取って北国脇往還《ほっこくわきおうかん》を押さえ、笹尾《ささお》に本陣を置いた。

島津惟新《しまづいしん》（義弘）は午前四時に到着し、小池《こいけ》（関ヶ原町関ヶ原）に布陣。その前方に甥の島津豊久《とよひさ》（忠豊）が陣取り、石田隊と島津勢で北国脇往還を挟んだ。

続いて到着した小西行長《こにしゆきなが》は、梨木川《なしのきがわ》（寺谷川）を前に、北天《きたてん》満山《まやま》を背にして布陣。最後に到着した宇喜多秀家《うきたひでいえ》は兵を前隊と本隊に分けて南天《みなみてんま》満山《やま》の前に布陣した。

このほか、山中《やまなか》（関ヶ原町山中）の高地に布陣していた大谷吉《おおたによし》継《つぐ》は、関ヶ原での迎撃作戦を受けて進軍し、藤古川《ふじこがわ》（関の藤川）を前にして陣取った。脇《わき》坂安治《ざかやすはる》、小川祐忠《おがわすけただ》、朽木元綱《くつきもとつな》、赤座直保《あかざなおやす》は、大谷隊と東山道《とうさんどう》（中山道）を挟む形で布陣している。

また、城として整備された松尾山《まつおやま》には、小早川秀秋《こばやかわひであき》が入っていた。そして、南宮山《なんぐうさん》一帯には、毛利秀元《もうりひでもと》、吉川広家《きっかわひろいえ》、安国寺恵瓊《あんこくじえけい》ら毛利勢と、長宗我部盛親《ちょうそかべもりちか》、長束正家《なつかまさいえ》が布陣していた。

一方、家康は十五日午前二時頃に西軍が関ヶ原方面へ向かった報せを受け取った。家康は諸将に関ヶ原へ急行するように命じ、東軍は午前三時から東山道を進軍した。二列縦隊

石田三成陣跡（撮影／筆者）

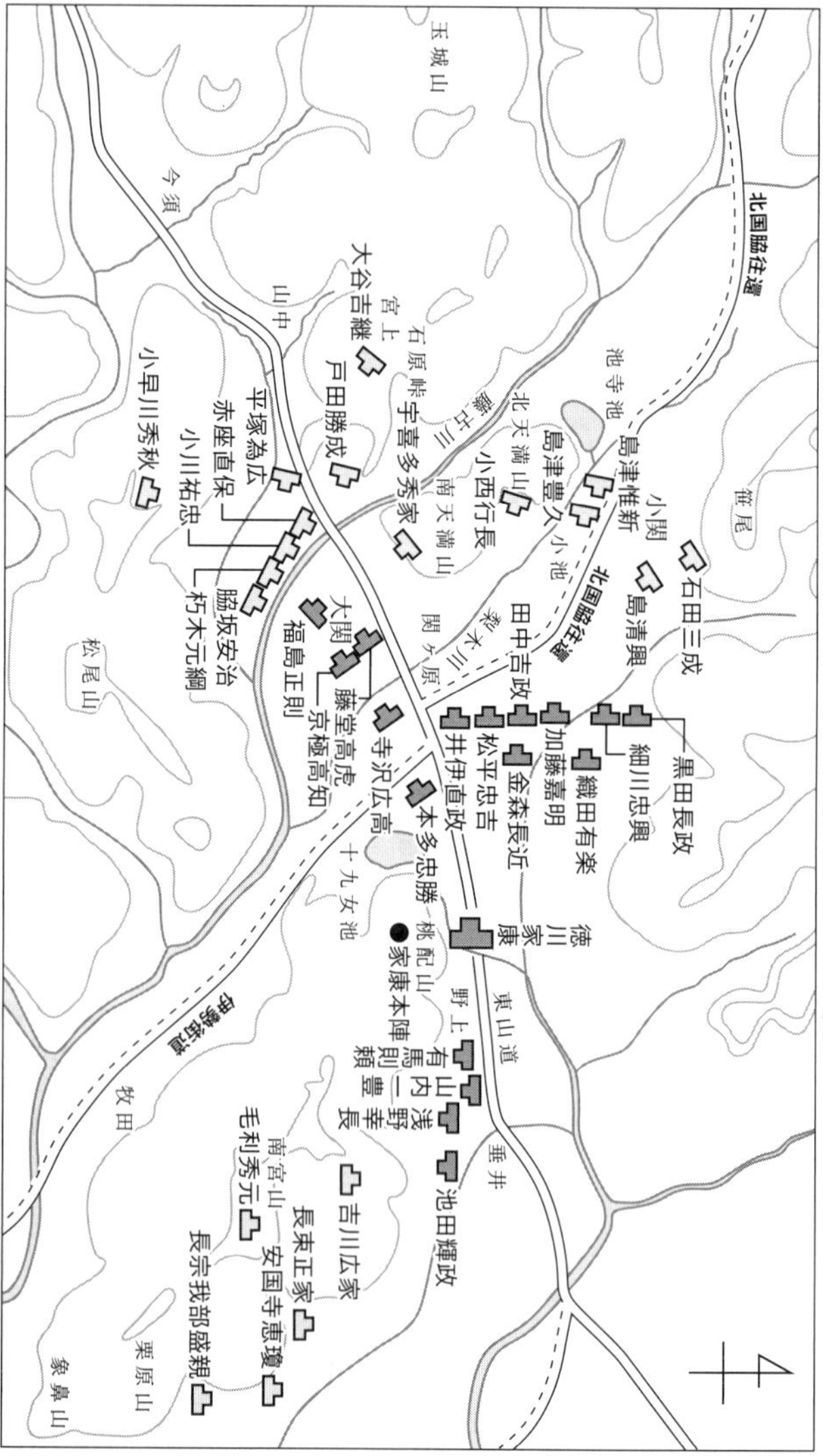

図１　通説の布陣図
『日本戦史・関原役』収載の図（付図第五号・関原本戦之図）より、著名な武将（部隊）に絞って簡略化し作図

で進み、左は福島正則《ふくしままさのり》、右は黒田長政《くろだながまさ》が先頭となった。先頭は夜明け頃に関ヶ原に到着。依然として雨は降り続き、深い霧に閉ざされていた。

東軍は、西軍が関ヶ原の西一帯に展開していることを知ると、進軍を止めて霧が晴れるのを待った。家康は、野上《のがみ》（関ヶ原町野上）と関ヶ原の間にある桃配山《ももくばりやま》に本陣を定めた。

三　開戦

午前八時頃、東軍の松平忠吉《まつだいらただよし》（家康四男）と井伊直政《いいなおまさ》が三十ほどの騎兵を率いて陣を離れた。忠吉はこの戦いが初陣《ういじん》であったため、舅《しゅうと》の直政（忠吉の正室は直政の娘）が補佐に当たっていた。

忠吉と直政は、先陣《せんじん》の福島正則隊の側面を抜けようとしたため、福島家臣・可児才蔵《かにさいぞう》がこれを制止した。しかし、直政は「偵察である」と偽り、西軍の宇喜多秀家隊に向かってゆき、戦端を開いた。

徳川家康最初陣跡（撮影／筆者）

先陣は福島正則であったため、忠吉と直政の行為は抜け駆けとなる。抜け駆けは軍令で禁止されているタブーであった。忠吉と直政が戦端を開いたのを目の当たりにした福島正則は、東山道を進んで宇喜多隊を射撃した。

四　激戦

福島隊の銃声を聞いて、ほかの東軍諸隊も攻撃を開始した。藤堂高虎《とうどうたかとら》、京極高知《きょうごくたかとも》、寺沢《てらざわ》広高《ひろたか》（正成）は大谷吉継隊を攻めた。大谷隊の前衛は、宇喜多隊が攻撃されたのを受けて藤古川を越えて前進し、藤堂・京極らの攻撃を防いで奮戦した。

織田有楽（長益）・長孝《ながたか》父子、古田重勝《ふるたしげかつ》、猪子一時《いのこかずとき》、佐久間安政《さくまやすまさ》・勝之《かつゆき》兄弟、船越景直《ふなこしかげなお》は、小西行長隊に向かった。

そして、田中吉政《たなかよしまさ》、細川忠興《ほそかわただおき》、加藤嘉明《かとうよしあき》、金森長近《かなもりながちか》（素玄）、黒田長政、竹中重門《たけなかしげかど》は、石田三成隊に向かった。

黒田長政は、関ヶ原の領主である竹中重門の先導で、北から迂回して石田隊の前衛・島《しま》清興《きよおき》（左近）隊の側面を突いた。さらに加藤嘉明と戸川達安《とがわみちやす》も加勢したため、清興は負傷して後退した。

黒田長政、細川忠興、加藤嘉明、田中吉政らは先を競って石田三成の本隊を攻撃し、一進一退となった。

島津勢の前衛（島津豊久）は泰然として動こうとせず、敵兵を待ち構える姿勢であった。三成の家臣・八十島助左衛門《やそじますけざえもん》が使者として助勢を頼みに（計二回）訪れるが、二回目の催促の時に馬上で使命を伝えたことを島津家臣に咎められて引き返している。その後、三成自身が助勢を頼みに訪れるが、豊久に「今日の戦闘は各隊がそれぞれに戦い、力を尽くそうではないか。とても前後左右のことをかまっている暇はない」と断られる。

五　家康、関ヶ原へ進軍

三成は、戦機の熟すのを見計らって狼煙《のろし》を上げ、松尾山の小早川秀秋、南宮山の毛利勢に出撃の合図をした。しかし、いずれも応じなかった。

南宮山では、開戦を知った長束正家と安国寺恵瓊が、毛利勢に出撃を促したが、毛利勢の前衛である吉川広家と福原広俊《ふくばらひろとし》は前日に東軍と不戦の密約を交わしていたため、動こうとはしなかった。また、松尾山の小早川秀秋も東軍に内通しており、東軍に寝返る密約を交わしていた。

一方、家康は、南宮山に布陣している西軍が背面から攻撃して来ることを心配し、本多《ほんだ》忠勝《ただかつ》に相談した。そして、忠勝が「敵が依然として山上にいるのは内通が偽りではない証拠です。加えて、浅野《あさの》幸長《よしなが》・池田《いけだ》輝政《てるまさ》（照政）らが抑えてくれますので、憂《うれ》う必要はありません」と答えると、午前九時を過ぎた頃に桃配山から関ヶ原へ進軍して士気を鼓舞した。忠勝は最前線に進出し、島津勢へ向かった。

午前十一時頃、家康は更に三、四百mほど前進し、史跡・徳川家康最後陣跡（関ケ原町関ケ原）まで進軍した（第四章112頁・図7参照）。史跡・決戦地（関ケ原町関ケ原）とは七百mしか離れていない最前線であり、まさに乾坤一擲《けんこんいってき》である。これを受けて東軍諸隊も全力で西軍を攻撃したが、西軍の抵抗は強固であり、正午近くなっても勝敗はつかなかった。

徳川家康最後陣跡（撮影／筆者）

六　小早川秀秋の寝返り

東軍に寝返る密約を交わしているにもかかわらず、未だ寝返る気配のない小早川秀秋に対して業を煮やした家康は、「誘導の銃を放ち、向背を確かめよ」と命じ、徳川と福島の鉄砲隊が松尾山に向かって数発の一斉射撃をおこなった。秀秋は、東軍が自身に向かって銃撃したのを見ると、諸隊に西軍を攻撃するように命令し、松尾山を下りて大谷吉継隊に突入した。

吉継は、秀秋が東軍に内通していると見抜いていたため、この変事に驚くことなく、六百余の兵でこれを防いだ。そして、平塚為広と戸田勝成は小早川隊の側面を突いて、小早川隊を後退させた。

小早川隊は再び攻撃をおこなうが、この攻撃も平塚・戸田隊が奮戦して押し返した。しかし、藤堂高虎、京極高知、織田有楽らが、平塚・戸田隊を側面から攻撃した。

この時、藤堂高虎が、西軍の脇坂安治らに合図をすると、脇坂安治、小川祐忠、朽木元綱、赤座直保も東軍に寝返り、平塚・戸田隊に向かった。脇坂らも東軍に内通していたのである。

脇坂らの寝返りによって、小早川隊が勢いを取り戻した。そして、三面から攻撃を受けることとなった平塚・戸田隊と大谷隊は壊滅した。平塚為広と戸田勝成は戦死、大谷吉継は自害した。

小早川秀秋の寝返りによって、西軍諸隊に動揺が走り、小西行長、次いで宇喜多秀家が敗走した。石田三成は、午後にも及んで激戦を繰り広げたが、小西・宇喜多の敗走を受けて崩れた。

島津勢も、島津豊久が一斉射撃で応戦するが、東軍の突入は止められず、半数以上が死傷した。そこで島津惟新は、敵中を突破して牧田から西南に逃げることに決め、全軍一団となって突進を始めた。福島正則、小早川秀秋、本多忠勝、井伊直政が、島津勢を追撃する。島津豊久は馬を返して奮戦するが、戦死。島津家臣・長寿院盛淳《ちょうじゅいんもりあつ》も、自ら「兵庫《ひょうご》入道《にゅうどう》（島津惟新）」を名乗って奮戦の末、戦死した。

一方、島津勢に追い打ちをかける松平忠吉と井伊直政も、島津勢の奮戦によって忠吉が負傷、直政も狙撃されて負傷する。その後、家康の追撃中止命令が下り、午後二時半に戦闘は終了した。

第一章
関ヶ原合戦に至る経緯

一　自らの政権樹立をめざす家康

序章では、通説となっている関ヶ原合戦の経過をみた。第一章では、関ヶ原合戦の検討に入る前に、そこに至るまでの経緯についてみていきたい。

慶長《けいちょう》五年（一六〇〇）六月上旬、徳川家康は大坂城《おおざかじょう》に諸将を集めて、会津《あいづ》（福島県会津若松市）の上杉景勝《うえすぎかげかつ》に謀叛の疑いありとして、出兵の号令をかけた。

天下人・豊臣秀吉《とよとみのひでよし》は二年前（慶長三年）に歿しており、家康は諸侯の代表である五大老《ごたいろう》の一人として豊臣政権の舵取りを担っていた。

征討の対象となった上杉景勝も五大老の一人であった。前月（五月）には、同じく五大老の一人であった前田利長《まえだとしなが》が恭順の証として母・芳春院《ほうしゅんいん》を人質として江戸へ送っている。豊臣政権内部では権力闘争がおこなわれており、会津への出兵は、家康による政敵排斥の一環であった。

近年の歴史学は、先入観を取り除いた視点でみるという傾向が活発になっている。その最たる例が織田信長《おだのぶなが》であり、「革命児」という見方は徐々に和らいできている。家康についても「家康が最初から豊臣政権を簒奪《さんだつ》しようとしていたとするのはおかしい」とする視点が挙げられる。

例えば、平成二十八年（二〇一六）NHK大河ドラマ『真田丸《さなだまる》』では、家康の野心は秀吉の死に直面したからではなく、後発的に芽生えている。また小川雄《おがわゆう》氏は、脱「徳川中心史観」の必要性が説かれるようになって久しいが、家康の策謀を過大視することも、また広義の「徳川中心史観」にあたるだろうと論じている（小川：二〇二三）。

しかし、この点においては通説どおりでよいだろう。家康が持つビジョンは、豊臣政権下の一大名という範囲に収まらない壮大なものであり、秀吉死後の政局を受けて後発的に野心が芽生えたとは考えられない。

家康が壮大なビジョンを持っていたことや、秀吉の死を好機と捉えたことがわかる事例として、スペインとの交易構想が挙げられる。

家康は、秀吉の死から約三ヶ月後、捕縛されたフランシスコ会宣教師《せんきょうし》ヒエロニモ・デ・ジエズスと伏見（京都市伏見区）で面会した。ジエズスは、この時の様子を西暦一五九八年十二月二十日付けファン・デ・ガロビーリャス宛ての書簡に記しており、自身が捕縛された理由を「スペイン船が家康の領地に行くことを（家康が）希望したため」と記している。

豊臣政権の禁教政策の一環ではなく、家康がスペイン領だったルソンとの交易を図るため、取次としての役割を期待されて家康に探し出されたというのである。実際に家康は、ルソンとメキシコを結ぶ航路に関東を入れた通商圏の構築や、西洋式の大型船を入手して家康の側からもメキシコへ貿易船を出していくといった活発な対スペイン交易、そして精錬技術（アマルガム法）を導入して金銀を効率的に取得するという富国策を抱いており、スペイン側に要請を出している。

日本巡察師アレッサンドロ・ヴァリニャーノが西暦一五九九年二月二十二日付けでイエズス会総長クラウディオ・アクァヴィーヴァに宛てた書簡に「家康殿はかなり以前―まだ太閤《たいこう》様が存命中―にも、そのこと（メキシコ貿易）を修道士たちより聞いて可能であると思っていますので」とあるように、家康は秀吉の存命中から様々な構想を練っており、秀吉が歿したのを好機と捉えて熟成させた国際交易構想、富国強兵策の実現に向けて動き出したのである。

また、家康は秀吉が歿する一ヶ月前（七月）に系図の作成に取りかかっており、八月には各家の来歴を記した『公武《こうぶ》大躰《だいたい》略《りゃっ》記《き》』を取り寄せている。このことから、家康が秀吉の死の直前に豊臣姓から源姓への改姓を企画していた可能性が指摘されている（野村：二〇一八）。

家康と三成はともに派閥を形成しているが、両者は派閥の作り方が大きく異なっている。三成は、五奉行《ごぶぎょう》のうち浅野長政《あさのながまさ》を除いた面々とともに五大老の毛利輝元《もうりてるもと》と盟約を結ぶなど、五大老・五奉行の構成員と結託して派閥を形成するというものであった。

一方、家康は五大老の構成員とは結託せず、福島正則《ふくしままさのり》や加藤清正《かとうきよまさ》といった政権の中枢に関与していない大名を味方にして、家康を中心とした勢力を形成している。家康は最初から五大老の構成員すべてを仮想敵としていたと考えられる。五大老・五奉行制に則りながら派閥による政権運営を構想した三成に対して、家康は派閥をあくまで戦力として扱い、独裁による政権運営を目指した。

その考えを如実に表しているのが、慶長四年（一五九九）正月に問題化した家康の六男松平忠輝《まつだいらただてる》と、伊達政宗《だてまさむね》の長女五郎八姫《いろはひめ》の縁組みである。大名同士が勝手に縁組みすることは秀吉の命令により禁止されているが、秀吉は死の直前に大老衆が相互に縁組みをして結束を強化するよう命じていた。

本来であれば五大老の構成員と縁組みをしなくてはならないところを、伊達政宗と縁組みしたことで、家康を中心とした勢力の形成や、五大老の構成員を仮想敵とする思考を対外的に示すこととなった。ゆえに家康を除いた五大老・五奉行の全構成員がこれを問題視し、家康を詰問している。

このように、家康の政敵排斥の意思は慶長四年正月から史料的な裏付けが出来る。しかし、政敵排斥の意思のみでは豊臣政権の枠組から脱却しようとしていたとまでは言えない。鎌倉幕府の北条《ほうじょう》氏のように、実権を所持しながらも補佐の立場に留まる可能性もあるからである。

豊臣政権の枠組から脱却しようとする意思は、関ヶ原合戦後の国分《くにわけ》（大名領《りょう》知《ち》の再編成）で顕著に表れている。内心はともあれ、家康も豊臣秀頼への奉公を掲げて「豊臣」軍を称している以上、関ヶ原合戦は豊臣政権の内部抗争にすぎず、依然として領知給付の主体は秀頼であった。

そのため、家康はこの課題を克服するために、自らの名で領知宛行状は発給せず、伊奈《いな》忠次《ただつぐ》ら吏僚が発給した目録をもって領知配分をおこなった。そして、目録の最後に「次は御朱印《しゅいん》を頂戴して（貴方に）差し上げます」の一文を副《そ》えた。

ここで注目されるのが「御朱印」という文字である。当時、幼少の秀頼は文書を発給しておらず、それを代行していたのが五大老の連署状であった。また、「次は御朱印を頂戴して差し上げます」の一文は諸大名のみならず、家康の家臣に対する領知目録にも用いられている。二つの理由から、「御朱印」は家康が発給する朱印状を指すと考えられる。

家康が諸大名に対して領知宛行状を発給しなかったのは、関ヶ原合戦での大勝は秀頼への奉公を掲げて得たものであり、特に豊臣系大名に対してはそのスタンスを通す必要がある。領知給付の主体は依然として秀頼であるため、当然ながら家康の名をもって発給するわけにはいかない。五大老の立場で判形《はんぎょう》（花押）を据えた奉書《ほうしょ》（主君の意を受けて自らの名で出す文書）となろう。

ゆえに家康は領知宛行状を発給しないことで、領知給付の主体が誰かという問題を曖昧にした。そして、目録の最後に「次は御朱印を頂戴して差し上げます」の一文を副えることで、領知給付の主体が家康であると示唆する布石を打ったのである。

関ヶ原合戦後の家康は、自らの政権を樹立する意思が明確だったといえる。それは国際外交にもみられ、関ヶ原合戦以前の外交文書では日本の第一権力者は秀頼であるということが前面に出ていたが、関ヶ原合戦以降は秀頼について全く触れられなくなる（水野：二〇一七a）。

領知宛行の視点で論ずれば、政権樹立の意思は更に遡ることが出来る。西軍が家康の罪状を十三ヶ条に亘《わた》って書き連ねた「内府《だいふ》ちかひの条々」では、家康が五大老の連署状を家康一人の判形で処理し、また「忠節も無い者ども」に領知を与えたことが非難されているが、その具体例である慶長五年二月一日付けで森忠政《もりただまさ》に宛てた領知宛行状でも、書式は五大老連署の知行宛行状と同一の形式が用いられている（『森家先代実録』）。

しかし、関ヶ原合戦直前の慶長五年八月二十二日付けで伊達政宗に発給した領知宛行状（「百万石のお墨付き」）では異なる書式が用いられ、豊臣政権の枠組からの脱却を意識していたことがわかる（『伊達家文書』）。

また、藤井《ふじい》讓治《じょうじ》氏は天下人であるための条件として、軍事指揮権と領知宛行権の二つを同時に掌握することで天下人の地位は確固たるものになると論じている（藤井：二〇一一）。

この点に着目すると、慶長四年十月一日、家康は五奉行のうち現役であった増田《ました》長盛《ながもり》・長束《なつか》正家《まさいえ》・前田《まえだ》玄以《げんい》の三名（以下「三奉行」と表記）を通じて諸大名に政治体制の改変を通達した（『千秋文庫所蔵文書』）。改変の全貌は未詳であるが、知行配当に大きな改変があったことが確認できる。

秀吉の遺志は、秀頼が成人するまで諸大名の領知は現状維持を前提とすることであった。しかし、この改変では人一倍忠誠を尽くした者は引き立てられ、恩賞を与えられるとされており、現状維持の前提は崩されている。むろん、領知給付の主体は秀頼であるが、現状維持の前提を崩すことで、家康は秀頼を媒介として疑似的に領知宛行権を掌握した。そして、軍事指揮権は会津への出兵を通して掌握しようとしている。

このように、少なくとも、家康の政敵排斥の意思は慶長四年正月、政権樹立の意思は慶長四年十月の時点であったことが史料から裏付けられる。つまり、慶長五年九月十五日の関ヶ原合戦において家康が豊臣氏に取って代わる意思を持って臨んだことは明確に言えるのである。

二　会津出兵

家康が会津征討を通して軍事指揮権を掌握しようとしていたことは、出兵前夜の過程から窺うことが出来る。

慶長五年四月、家康は会津の上杉景勝に糾明使を派遣して、上洛して謀叛の嫌疑を晴らすよう要求し、上洛がない場合は征討軍を遣わす旨を通告した。

この時、上杉家の老臣・直江《なおえ》兼続《かねつぐ》が「直江《なおえ》状《じょう》」と呼ばれる書状で「別心なきにおいては上洛候へなどと、乳呑《ちの》み子《ご》のあひしらい（謀叛の心が無いのであれば上洛しろとは、乳呑み児のごとき応対）」、「内府様御表裏と存ずべき事（内府様は言葉と内心が相違していると思います）」と、家康に挑戦的な態度で上洛を拒絶した逸話は有名であるが、「直江状」は歴史的展開に全くそぐわず偽文書である（水野：二〇二三b）。

実際は、糾明使に対して上杉氏は上洛に応じる回答をしており、同時に讒言（上杉氏に謀叛の動きがあると報告）をした越後《えちご》の大名・堀秀治《ほりひではる》を問い質《ただ》すように申し入れていた。

しかし、軍事指揮権の掌握を図るために会津征討を是が非でもおこないたい家康にとって、上洛に応じた上に、正当性を証明しようとする上杉氏の反応は、都合の悪いものであった。家康は、讒言者（堀秀治）の糾明を容れることなく、五月二十三日に再び使者を遣わして、上洛の日限と、直江兼続の妻子を人質として江戸へ送るように通告した（『坂田家文書』）。

再び使者を派遣したものの、家康は景勝の返答にかかわらず、江戸まで軍勢を率いて下向する予定であった。仮に上杉氏が追加の要求を呑んで上洛に応じたとしても、家康の息子・秀忠《ひでただ》に連れられての上洛となり、征討軍に対する上杉氏の屈服と謝罪が演出された。会津征討は既定路線だったのである。

家康の対応を受けて景勝は抗戦を決意する。六月十日、景勝は安田能元《やすだよしもと》ら重臣五人に宛てた書状で抗戦の意思を示した（『越後文書宝翰集』）。上方から会津までの行程は十三日とされているので、この書状は五月二十三日に遣わされた使者が会津に到着した直後（最短で六月六日の到着）に出されている。景勝が抗戦を決意したのは六月十日頃と考えていいだろう。そこから使者の復路を計算すると、使者が上方へ帰還した時は、出兵の号令が出された後であり、家康も六月十六日に大坂城を出陣している。

このように、会津征討の直接的要因は景勝の上洛拒否ではなく、軍事指揮権の掌握を図る家康によって強引におこなわれたものであった。

三　小山評定

江戸城に入った家康は、七月七日に会津へ侵攻する期日（七月二十一日）を定めて諸大名に通達した。

家康・秀忠の率いる徳川軍と福島正則ら豊臣系大名が白河《しらかわ》口から、前田利長らが津川《つがわ》口から、佐竹義宣《さたけよしのぶ》らが仙道《せんどう》口から、伊達政宗が信夫《しのぶ》口から、最上義光《もがみよしあき》らが米沢《よねざわ》口から一斉に会津へ攻め込む予定であり、上杉景勝の降伏は時間の問題であった。

家康の計画は順調にいくかにみえた。しかし、家康のもとに三成が敦賀《つるが》（福井県敦賀市）城主・大谷吉継《おおたによしつぐ》とともに上方で挙兵したという報せがもたらされる〈以下、西軍と表記〉。

当初の家康の西軍に対する認識は、三成と吉継の反乱という程度のものであった。しかし、実際は三成と吉継のほかにも、毛利輝元と宇喜多秀家《うきたひでいえ》の二大老に、三奉行、小西行長《こにしゆきなが》、島津惟新《しまづいしん》らが関与した大規模なクーデターであった。

日を経るごとに情報は詳細になってゆき、やがて家康は会津征討を続行すべきか否かを思案し始めた。そして、福島正則ら白河口に集結している諸将を小山《おやま》（栃木県小山市）に召集し、七月二十五日に対応を協議した。世に言う小山評定《おやまひょうじょう》である。

小山評定を開く目的は、まず白河口に集結している諸将を引き続き味方に留めておくことである。彼らの主君はあくまで豊臣秀頼であって家康の臣下ではない。会津征討では、家康が秀頼の命を奉じているため従軍しているが、西軍との戦いには秀頼の命令は介在しなくなる。ゆえに彼らが変わりなく味方であることを確認する必要があった。

とはいえ、白河口に集結している諸将は、福島正則、黒田長政、藤堂高虎をはじめとして家康と結びつきが強い者が多く、この点に関してはそれほど不安要素ではなかった。しかし、彼らと主従関係がない以上、自発的に西軍との戦いに協力させる必要があった。

次に重要なのは作戦の共有である。小山評定の後も、家康は上杉景勝を抑えるために関東に留まったため、諸将が先発して近江国《おうみのくに》まで進攻することとなった。以降、家康が諸将へ宛てた書状には「談合」という言葉が頻出するようになる。

家康は先発して進む諸将に「談合」による意思の統一を繰り返し求め、まとまりを維持しようとした。それは家康も同様であり、諸将と西軍挙兵に関する情報を共有し、意見を交換、意思を合一させる場が必要だったのである。それが、小山評定であった。

小山評定で家康と諸将は、白河口からの会津侵攻を延引し、西軍との戦いを優先させることを決めた。また、効率よく東海道を進むために諸将の組《くみ》編制がおこなわれ、諸将が人質を進上することも決められた。さらに東海道に所領のある大名からは城が進上された。これをもって会津征討軍は、家康の支持を表明した集団（＝東軍）として生まれ変わったのである。

四　三成の迎撃構想

石田三成は、伏見《ふしみ》城攻略を見届けた後、八月十日に大垣《おおがき》城（岐阜県大垣市）に入った。

豊前中津《なかつ》（大分県中津市）に居た黒田如水《くろだじょすい》（孝高）が、八月一日付けで豊後岡《おか》（大分県竹田市）の中川秀成《なかがわひでなり》へ宛てた書状には、「伊勢と近江との境目に城を築いて、そこの大将に刑少（吉継）が来るとのことである。右の城が完成する時分には、内府（家康）は上洛していると思われる」と記されている（『中川家文書』）。東山道と伊勢街道に面した松尾山城のことを指していよう。この書状には「上方の様子について、去月二十五日に（上方を）発った舟が報じた」とあることから、七月二十五日に大坂を出た早舟からもたらされた情報と考えられる。よって、松尾山城の普請は、三成が大垣城に入る前の七月二十五日の段階で既に始まっており、美濃国の大名が担ったと考えられる。通説では大垣城主の伊藤盛正《いとうもりまさ》が普請を担ったとされている。

上方に向けて西上する東軍に対して、三成はどのような迎撃構想を持っていたのであろうか。三成は八月五日付けで真田昌幸《さなだまさゆき》・信幸《のぶゆき》・信繁《のぶしげ》父子に宛てた書状で「拙者（三成）は、まず岐阜中納言（織田秀信）殿と相談して尾張へ出兵します。福島左太（福島正則）はただいま説得中です。成功しましたら三河へ進攻します。もし成功しなければ、伊勢に展開している軍勢とともに清須《きよす》（愛知県清須市）へ攻め込みます」と述べている（『真田家文書』）。また、八月十日付けで真田昌幸・信繁に宛てた書状では「尾濃へは拙子《せっし》（三成）が赴きます。島津をはじめ九州衆が佐和山へ参りました。兵が入り次第、尾張・美濃の国境へ進攻いたします」と述べており（『浅野家文書』）、清須城主・福島正則を味方にできた場合は三《み》河国《かわのくに》へ進攻し、そうでない場合は、伊勢に展開している部隊と連携して尾張・美濃の国境で東軍と戦う作戦であった。

織田秀信《おだひでのぶ》は、岐阜《ぎふ》（岐阜県岐阜市）の大名で織田信長の嫡孫にあたる。清須会議《きよすかいぎ》で登場した、幼名の三法師《さんぼうし》の名が有名である。美濃国は一万～三万石クラスの大名が多く、そのなかで十三万石を有する秀信は美濃国で大きな影響力を持っていた。美濃の諸将の多くが西軍に味方したのは秀信によるところが大きい。三成と秀信は親交があり、秀信が西軍に味方した背景として三成との関係もあったと思われる。

また、真田昌幸は三成が奏者《そうしゃ》を担当した大名である。信幸の奏者も三成が務めており、真田家に残されている書状から、真田父子と三成の関係が良好であったことがわかる。こうした関係が影響してか、三成が真田氏に宛てた書状には心情を吐露する場面が所々みられる。

八月十日付けの書状では「この口（美濃口）の儀、家康ほどの者十人上り候とも、御心安んずべく候、討果候よりほか、他事これあるべからず候」と、三成が守る美濃口に家康程度の者が十人来ても問題ないと述べている。これは、昌幸を味方に繋《つな》ぎとめるために虚勢を張ったというよりは、親しさゆえに内心が出たものと思われる。この書状が書かれたのは、伏見城を攻略した直後であり、細川《ほそかわ》（長岡）幽斎《ゆうさい》（藤孝）の籠る丹後田辺《たなべ》城（京都府舞鶴市）も落城同然であったこともあって強気になっていたのだろう。

五　福島正則の説得

八月五日付けの三成書状では福島正則の説得について触れられている。時代劇などのイメージでは、正則は三成を猛烈に嫌っており、三成が正則を説得するなど無謀に感じられる。しかし、正則は慶長四年閏三月に三成を訴えた七将に名は連ねているものの、加藤清正や黒田《くろだ》長政《ながまさ》のように殺意を抱いていた様子はない上、事件の前面には出てきておらず、清正らに同調したにすぎない印象がある。管見の限りでは、正則と三成の間に私怨につながるようなトラブルは確認できない。三成と正則が対立関係にあったのは、あくまで政治的な立場の違いによるものであり、正則は三成に私怨を抱いてはいないように感じられる。『福島家譜』によると、正則の母は秀吉の母（大政所）の妹であり、秀吉と正則は従兄弟にあたる。豊臣政権下において多くの諸侯が羽柴《はしば》名字を称しているが、羽柴名字を授与された多くは徳川氏や毛利氏といった旧戦国大名や、織田家の旧臣であり、秀吉の直臣から大名に取り立てられた者の中で羽柴名字を授与された者は極めて少ない。

直臣から大名に取り立てられた者の中で羽柴名字を授与された者は、弟の秀長《ひでなが》と、姉・瑞《ずい》竜院《りゅういん》（三好吉房の妻）の子である秀次《ひでつぐ》（秀吉の養嗣子）・秀勝《ひでかつ》・秀保《ひでやす》（秀長の養嗣子）、北政所《きたのまんどころ》（秀吉の正妻）の甥である木下勝俊《きのしたかつとし》父子・小早川秀秋《こばやかわひであき》と、青木一矩《あおきかずのり》（母が大政所の妹）、福島正則しかいない。

これは、羽柴名字の授与が武家官位制と密接に関わっているためである。秀吉が正親町《おおぎまち》天皇《てんのう》から新たな姓として豊臣姓を賜って以降、秀吉は諸大名の官位執奏に伴って羽柴名字・豊臣姓を授与した。

まず、秀吉より官位執奏を受けた者は豊臣姓で叙位・任官した。このうち、侍従《じじゅう》以上の

「公家成《くげなり》」した大名には羽柴名字も授与された。秀吉は羽柴名字の授与を乱発したイメージがあるが、それは武家官位制による家格編成の役割があったためである。

秀吉の直臣は関白の従者という性格を有しているため、官位は四位・五位の諸大夫《しょだいぶ》にとどめられた。こうしたなか、福島正則が「公家成」して羽柴名字を授与されているのは秀吉が親類として扱っていたことの表れといえよう。正則が豊臣秀次の旧領である尾張国を任されている点もそれを物語っている。当然、正則がこれを自負していたことは想像に難くない。三成は、正則の秀吉親類という立場から西軍に応じる可能性を期待したのではないかと思われる。

しかし、三成の見通しは甘く、家康と正則の間には信頼関係が構築されていた。本多正純《ほんだまさずみ》は、八月八日付けで黒田長政へ宛てた書状で「羽柴左衛門大夫（正則）殿から大坂（西軍）に対する御返答の趣旨、了解いたしました。いかようにも、ゆるやかに返事をしてください」と、説得工作に対して、ゆっくりと対応して時間稼ぎをせよと指示を出している。徳川方は正則を疑う様子はなく、むしろ逆手にとって時間を稼ぐように指示している。

なお近年では、豊臣は「氏（姓）」であって、名字である羽柴とは性格が異なり、豊臣賜姓以降の秀吉の改姓は藤原姓から豊臣姓へのものであり、秀吉の名字は終生「羽柴」であり、その後継者である秀次や秀頼も同様であったと考える傾向にある（黒田：二〇一六a）。
しかし、これについて筆者は再考を要すると考える。奈良時代、藤原氏をはじめとした有力氏族は、財産（特に「家」）を伝領したことから、門流として「家」が分立される。また、平安時代後期には名田《みょうでん》や荘園の役職などを世襲することを示す「名字」（苗字）が発生した。これらは同族内での弁別という役割をもっているが、新たに創出された豊臣姓には秀吉のほかに同族は存在しないわけであるから、名字を用いる必要がない。

秀吉の命令によって著述された『天正記《てんしょうき》』には、豊臣姓が源平藤橘《げんぺいとうきつ》に続く五つ目の姓として創出されたことが記されている。秀吉が藤原鎌足《ふじわらのかまたり》らを意識していたことは明らかであり、武家となった清和源氏と桓武平氏においては、傍系が名字を用いた平安時代後期以降も、直系は名字を用いていない点を踏まえると、豊臣宗家（直系）は名字を用いていないと考えられる。

六　豊臣系大名による怒濤の快進撃

先発して東海道を西上した東軍の諸将は、清須城に集結した後、織田秀信の岐阜城を攻

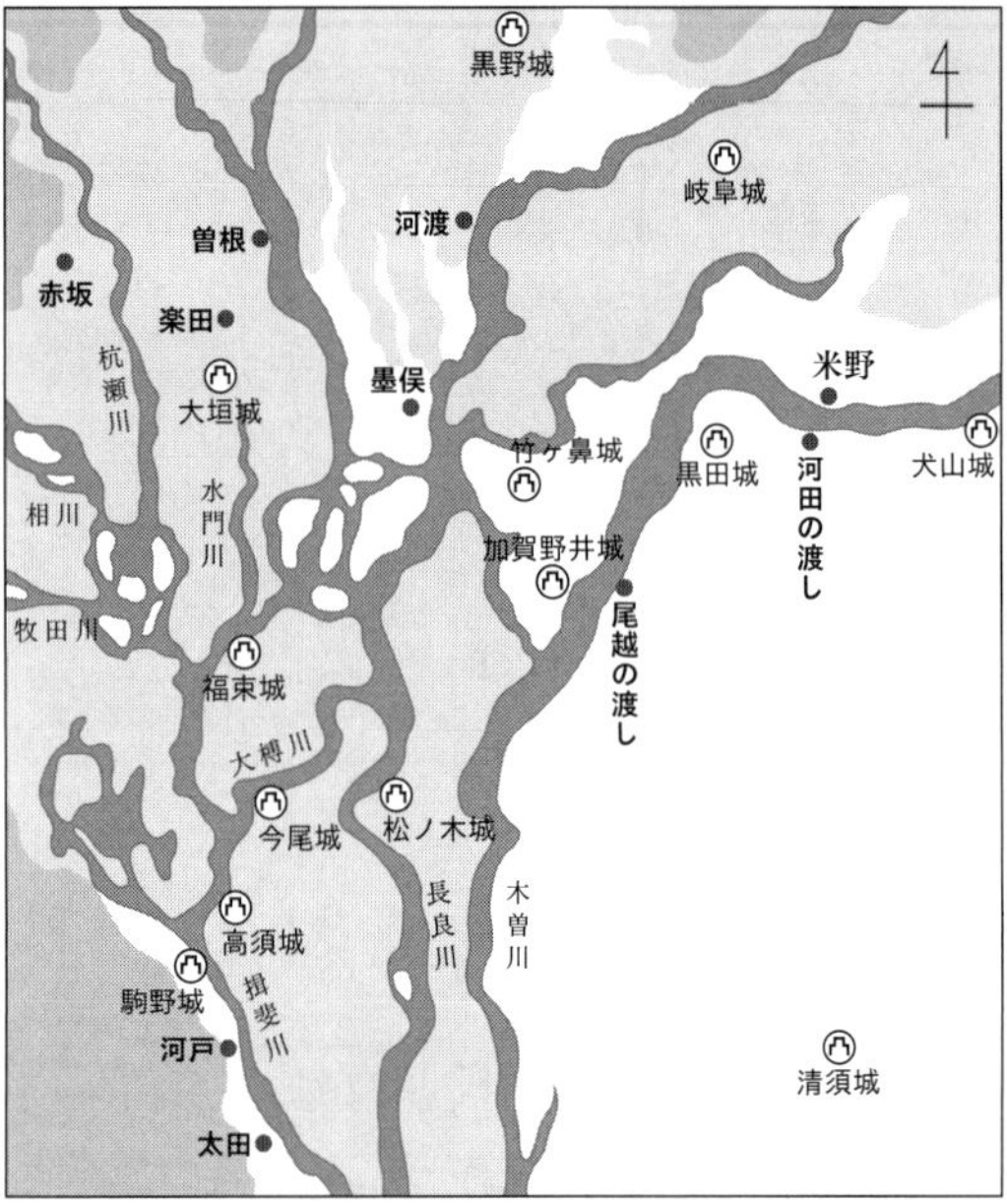

図2　清須城周辺図

略するために八月二十一日に清須を出陣。河田《こうだ》の渡し（岐阜県各務原市）から木曽川《きそがわ》を渡河して岐阜へ直進する池田輝政《いけだてるまさ》（三河吉田城主）の隊と、尾越《おごし》の渡し（愛知県一宮市起）から迂回して岐阜を目指す福島正則の隊の二手に分かれて進攻を開始した。

八月十九日付けで黒田長政らが、井伊直政《いいなおまさ》・本多忠勝《ほんだただかつ》に宛てた書状には、西軍の石川《いしかわ》貞清《さだきよ》（光吉）が籠る犬山《いぬやま》城（愛知県犬山市）に対して付城《つけじろ》（抑えの城）を築いたことが記されており、美濃国への進攻に先立って犬山城の攻撃がおこなわれていたことがわかる（『井伊達夫氏所蔵文書』）。犬山城の抑えには、駿府《すんぷ》（静岡県静岡市）の大名・中村一忠《なかむらかずただ》の名代として従軍している中村一栄《なかむらかずしげ》（氏次）の軍が置かれた。

また、別動隊として美濃今尾《いまお》（岐阜県海津市）城主・市橋長勝《いちはしながかつ》と美濃松ノ木《まつのき》（岐阜県海津市）城主・徳永寿昌《とくながながまさ》が先行して、八月十六日に大榑川《おおぐれがわ》で西軍の福束《ふくつか》（岐阜県輪之内町）城主・丸毛兼利《まるもかねとし》の軍を破り、翌十七日に福束城を攻略した。市橋長勝は福束城の守備につき、徳永寿昌は次いで高須城（岐阜県海津市）へ侵攻し、十九日に攻略した。

八月二十二日、木曽川を渡河した池田輝政の隊は、織田秀信の軍勢と米野《こめの》（岐阜県笠松町）で戦って勝利した。福島正則の隊も二十二日に竹ヶ鼻《たけがはな》城（岐阜県羽島市）を攻略して岐阜に進軍した。そして、二十三日に岐阜城へ総攻撃が開始され、同日中に岐阜城は陥落した。

岐阜城が落城したことを受けて犬山城も開城した。犬山城が開城した日は未詳であるが、援将として犬山城に籠っていた加藤貞泰《かとうさだやす》（美濃黒野城主）は、九月三日付けの井伊直政らの連署状で、大垣城からの刈田《かりた》に備えて牛牧《うしき》村・本田《ほんでん》村（岐阜県瑞穂市）に布陣するように指示を受けていることから、九月三日には開城していたといえる（『大洲加藤文書』）。

東軍諸将の怒濤の快進撃によって岐阜城が瞬く間に陥落したことは、三成を焦燥させたと思われる。西軍は、伊勢国に展開していた毛利《もうり》秀元《ひでもと》、吉川広家《きっかわひろいえ》、安国寺《あんこくじ》恵《え》瓊《けい》ら毛利勢、北陸に展開していた大谷吉継らを美濃国に集結させた。

七　家康の出陣

家康は小山評定の後も小山に逗留し、宇都宮城に徳川秀忠を残した上で、八月五日に江戸城に帰還した。家康はすぐには西上せず、しばらく江戸城に留まっていたが、東海道を西上している筒井《つつい》定次《さだつぐ》（伊賀上野城主）に宛てた八月二十一日付けの書状で、八月二十六日に出陣（西上）する旨を告げている（『河毛文書』）。当初の予定では八月二十六日が出陣の日だったといえる。しかし、二十三日になると出陣を延期している。八月二十三日付けで伊達政宗に宛てた書状には次のように記されている（『伊達家文書』）。

【史料1】

昨夜（二十二日夜）村越茂助（直吉）が清須から帰還しました。彼表《かのおもて》（美濃口）は左衛門大夫（福島正則）がしっかりとしておりますので御安心ください。状況を報せてくるとのことですので、私の出陣は延引しました。（子細は）使者が申します。恐々謹言。

清須へ出張していた村越直吉《むらこしなおよし》が八月二十二日の夜に江戸に帰着し、福島正則らが岐阜へ向けて進攻したとの報せを受けたため、続報を待つことにして出陣を延期したと伝えている。家康が出陣を延期した理由は、東北地方が予断を許さない情勢だったことにあるだろう。家康は八月二十五日付けで宇都宮城主・蒲生秀行《がもうひでゆき》に次の内容の書状を送っている（『宇都宮文書』）。

［史料2］

確実を期して申します。上方への出陣は、とりあえず延引しました。こちら（江戸）に留まっています。じきに（上杉）景勝がその口（白河口）に押し寄せるでしょう。その時は早々に注進してください。すぐに駆け付けて討ち果たします。そのことを申し伝えます。恐々謹言。

家康は上杉軍の南下に備えるために出陣を延期したニュアンスで述べている。［史料2］

と同文の書状が大田原《おおたわら》（栃木県大田原市）城主・大田原晴清《おおたわらはるきよ》にも出されているため、他の下野国の領主にも出されていると考えられる（『岐阜関ケ原古戦場記念館所蔵文書』）。

上杉家の老臣・直江兼続は、八月四日付けで上杉家臣・山田秀次に宛てた書状で、最上と伊達を討ち果たすのは容易であるが、家康の動向が明らかでない以上、攻撃できないと述べている（『秋田藩家蔵文書』）。家康が江戸に留まっていることが、上杉氏の動きを封じていたことは確かであった。

家康は、福島正則ら豊臣系大名が岐阜へ向けて進攻を開始したことに対する安堵感と、岐阜城の攻略は容易ではないため、しばらく戦局は膠着《こうちゃく》するだろうという予測から、奥羽の情勢を鑑みて西上を延期したと考えられる。

家康は八月二十六日付けで伊達政宗に宛てた書状で「濃州表の（井伊直政からの）注進状を披見いただくために（写しを）送ります。心地よいことです」と述べており、二十二日付けの井伊直政からの注進によって、池田輝政と福島正則が順調に岐阜に迫っており、二十三日には岐阜城へ攻撃を始めると知ったことで大いに気分を良くしている。

しかし、池田輝政らは僅か一日で岐阜城を攻略してしまった。これには家康も度肝《どきも》を抜かれたらしい。家康は二十七日に岐阜攻略の報に接すると、池田輝政ら豊臣系大名に対して「我ら父子（家康と秀忠）の到着を待つように」と伝えている（『池田家文書』など）。もはや前日のように戦況を傍観する余裕は無くなっている。

急遽西上を決意した家康は、九月一日に江戸城を出陣した。一日は神奈川《かながわ》（神奈川県横浜市）、二日に藤沢《ふじさわ》（神奈川県藤沢市）、三日に小田原《おだわら》（神奈川県小田原市）、四日に三島《みしま》（静岡県三島市）、五日に清見寺《せいけんじ》（静岡県静岡市）、六日に島田《しまだ》（静岡県島田市）、七日に中泉《なかいずみ》（静岡県磐田市）、八日に白須賀《しらすか》（静岡県湖西市）、九日に岡崎《おかざき》（愛知県岡崎市）、十日に熱田《あつた》（愛知県名古屋市）、十一日に清須、十三日に岐阜に至っている。

家康の侍医・板坂卜斎《いたさかぼくさい》（如春）の覚書である『板坂卜斎覚書《いたさかぼくさいおぼえがき》』によると、三島で家康は「馬印《うまじるし》は熱田へ持って行き、（家康の到着を）待て」と命じ、旗奉行《はたぶぎょう》の同行もなしに、小者《こもの》が先行して馬印を熱田まで運んだという。三島から熱田までの行程は強行軍であった。

家康は強行軍で東海道を進み、東山道《とうさんどう》（中山道）を進む徳川秀忠の隊には美濃国へ急行するよう命じるなど、岐阜攻略の報に対して後手に回った印象がある。

米野の戦いなど、これまで前哨戦が幾つかおこなわれたが、家康は未だ采配を振っていなかった。周知のとおり、徳川秀忠の隊は関ヶ原合戦に間に合わなかったため、決戦当日に備《そなえ》（部隊）を構成して前線で戦える重臣は、松平忠吉《まつだいらただよし》、井伊直政、本多忠勝しかいなかった。その兵力の割合は、東軍の前線部隊の約五分の一であり、あとは豊臣系大名であった。そのため、彼らに対する政治的配慮から、西国に豊臣系の国持《くにもち》大名が多く輩出された。仮に家康が不在のまま、豊臣系大名が三成ら西軍主力を破ってしまった場合、彼らの地位の上昇は計り知れない。家康は焦燥に駆られていた。

八　決戦前夜

家康は九月十四日の昼に赤坂《あかさか》（岐阜県大垣市）に着陣した。『関原軍記《せきがはらぐんき》大成《たいせい》』によると、家康の着陣によって大垣城にいる西軍に動揺が走り、三成の老臣・島清興《しまきよおき》は、動揺を鎮めるために一戦して勝利を挙げるべきだと三成に進言したという。

西軍は、島清興と蒲生《がもう》頼郷《よりさと》らが率いる石田兵と、宇喜多秀家の老臣・明石《あかし》全登《てるずみ》（掃部）らが率いる宇喜多兵が、赤坂に布陣する中村一栄の隊を発砲で挑発し、杭瀬《くいせ》川《がわ》を渡って追撃してきた東軍の兵を伏兵《ふくへい》で討ち取った。この戦闘で中村氏の老臣・野《の》一色助義《いっしきすけよし》（頼母）が戦死している。小規模の戦闘ではあったものの、西軍は東軍に打撃を与えた。島清興の策は功を奏したといえる。

そして同日夜、大垣城に籠る三成ら西軍主力は、福原長堯《ふくはらながたか》らを守将として残し、牧田《まきだ》（大垣市上石津町）を経由して関ヶ原へ向かった。

第二章

西軍の関ヶ原転進

一　大垣城を出る西軍主力

第二章では、大垣《おおがき》城（大垣市郭町）に籠る石田三成らが関ヶ原へ移動した理由についてみていきたい。

参謀本部編纂『日本戦史《にほんせんし》・関原役《せきがはらえき》』〈以下『日本戦史』と表記〉では、家康が佐和山《さわやま》城（滋賀県彦根市）攻めに向かう情報を故意に流して三成らを城の外へ誘い出したとしている。しかし、誘い出したにもかかわらず、西軍が午後七時に関ヶ原方面へ向かったのを、東軍が翌日の午前二時頃に把握するというのは明らかに矛盾している。詳しく検討していく必要があるだろう。

もとより、西軍が午後七時に城を出て、東軍が翌日の午前二時頃にそれを把握したというのは『日本戦史』の記載によるものであるため、まずはその時刻が正しいかを検討したい。

佐和山城攻略後に佐和山城の番手を務めた彦坂元正《ひこさかもとまさ》と石川康通《いしかわやすみち》が、九月十七日付けで吉《よし》田《だ》城（愛知県豊橋市）の番手である松平家乗《まつだいらいえのり》に宛てた書状には、「治部少輔（三成）、島津兵庫頭（惟新）、小西（行長）、備前中納言（秀家）の四人は、十四日の夜五ツ（午後八時頃）時分に大垣城の外曲輪を焼払い、関ヶ原に集まって布陣した」とある（『堀家文書』）。

また、島津《しまづ》豊久《とよひさ》に従って当時十七歳で本戦に参加した宮之原才兵衛の覚書も「九月十四日の晩五ツ（午後八時頃）時に、諸軍勢、中書（豊久）様、御出発」とする。

当時十四歳で島津《しまづ》惟新《いしん》に従っていた神戸久五郎（松岡千熊）の覚書には「九月十四日の夜に入ってから大垣を御出発、夜中に関ヶ原に御着になられました」とあり、同じく島津惟新に従っていた大重平六の覚書には「慶長五年九月十四日の晩六ツ下り（午後六時過ぎ）大垣を御出でになられ、関ヶ原へ向けて御出発」とある。

これらの記述を総合すると、西軍が大垣城を発った時刻は、十四日の午後六時以降～午後八時の間に収まるので『日本戦史』と大きな違いはない。

一方、東軍の動きについては、『寛永諸家《かんえいしょか》系図《けいず》伝《でん》』〈以下『寛永伝』と表記〉の編纂にあたって寛永《かんえい》十八年（一六四一）七月に作成された『藤堂家《とうどうけ》覚書《おぼえがき》』に「翌日十五日の未明に、いずれも青野を御発ちになって」とあり、青野《あおの》ヶ《が》原《はら》（大垣市青野町）に布陣していた東軍諸将は十五日未明には関ヶ原へ移動を開始していた。

東軍の動きについても『日本戦史』が示す時刻と明らかな違いはみられない。よって、誘い出した側の東軍が、西軍の動きを翌日の午前二時頃に把握するというのは矛盾しており、石田三成らが関ヶ原へ移動した理由について見直す必要があるだろう。

二　両軍の位置関係（大垣城の西軍）

まずは、家康が赤坂《あかさか》（大垣市赤坂町）に着陣した九月十四日の両軍の位置関係を整理したい。

家康は九月八日付けで前田《まえだ》利長《としなが》に宛てた書状において「濃州の平定を（豊臣系大名に）申し付け、大垣城の備前中納言（秀家）・石田治部（三成）・島津（惟新）・小西（行長）以下を包囲したところ、後詰《ごづめ》の敵が現れ、それを食い止めているとの報せが（豊臣系大名から）来たので、昼夜兼行で西上している」と述べている（『前田育徳会所蔵文書』）。大垣城に宇喜《うき》多《た》秀家《ひでいえ》、石田三成、島津惟新、小西《こにし》行長《ゆきなが》が籠っているという情報は、大垣城を牽制している豊臣系大名から齎《もたら》されたものであるため、情報の精度は高い。

また、浜松《はままつ》城（静岡県浜松市）の番手として置かれていた保科《ほしな》正光《まさみつ》も、八月二十九日付けで国許《くにもと》にいる家臣・黒河内長三に宛てた書状で「昨日、二三度、先鋒（豊臣系大名）からの

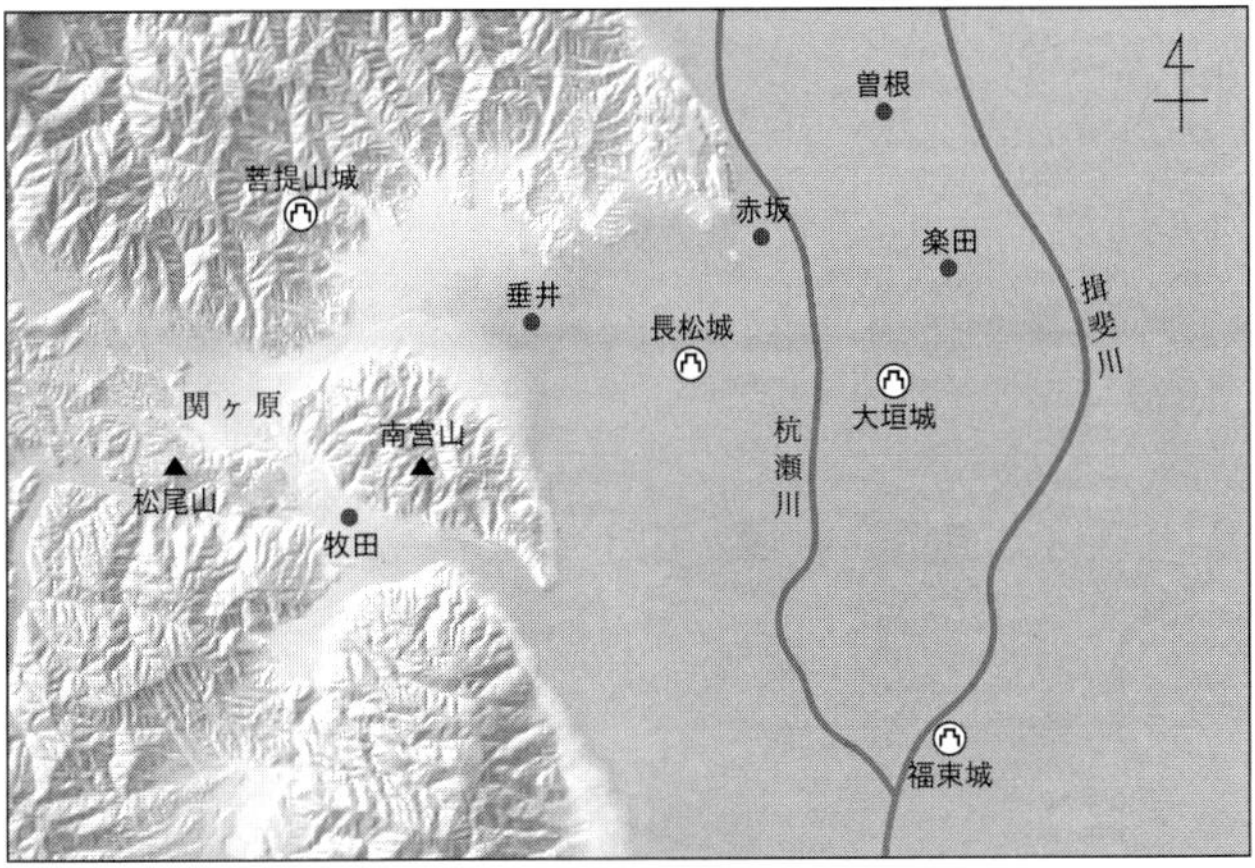

図3　大垣城周辺図

注進として、大垣城に石田治部少輔（三成）・備前中納言（秀家）殿・筑前之中納言（秀秋）殿・島津兵庫助（惟新）・小西摂津守（行長）、そのほか秀頼様の馬廻衆からも随一の衆が数人、立て籠もりました」と報じている（『保科御事歴』）。

そして、彦坂元正と石川康通が九月十七日付けで松平家乗に宛てた連署状には「治部少輔、島津兵庫頭、小西、備前中納言の四人は、十四日の夜五ツ時分に大垣城の外曲輪を焼払い、関ヶ原に集まって布陣した」とある（『堀家文書』）。

三つの史料から、大垣城に宇喜多秀家、石田三成、島津惟新、小西行長が居たのは確かである。しかし、城の規模を踏まえると、ここでの「大垣城」は、『関原《せきがはら》軍記《ぐんき》大成《たいせい》』が「上方の諸将、大垣近辺に陣を据《す》ゑ」と記すように、近郊も含んだ広範囲を指していると考えられる。『水野《みずの》勝成《かつなり》覚書《おぼえがき》』の記述から、島津惟新は大垣城から北へ約三㎞の楽田《がくでん》（大垣市楽田町）に駐屯していたことがわかっている。

　保科正光書状は、小早川秀秋も大垣城一帯に居たとしている。しかし、『寛永伝』稲葉《いなば》正《まさ》成《なり》（小早川秀秋の老臣）の項によると、小早川軍が美濃国に入ったのは九月十四日であり、それ以前は柏原《かしわばら》（滋賀県米原市）に居たとあるため一致しない。『関ヶ原《せきがはら》御《ご》合戦《かっせん》双紙《ぞうし》』も「内府（家康）公が赤坂に到着し、布陣なさったのを受けて、大垣に在った治部少（三成）・小西（行長）・島津（惟新）・備前中納言（秀家）は、取る物も取り敢《あ》えず、夜を徹して山中《やまなか》（関ケ原町山中）まで退いた」と、大垣から関ヶ原へ転進したのは石田三成、小西行長、島津惟新、宇喜多秀家としており、秀秋の名は無い。また、『寛永伝』黒田《くろだ》長政《ながまさ》の項には「筑前中納言（秀秋）は始《はじめ》より松尾山にあり」とある。

　秀秋は美濃国に入った後、大垣城には入らずに、すぐに松尾山に布陣したと考えられる。なぜ保科正光書状に秀秋の名が記されたか不明であるが、家康が白須《しらす》賀《か》（静岡県湖西市）から出した九月八日付けの書状や、そのほかの史料に秀秋の名が無いことから、秀秋の大垣在陣は誤報であったと考えられる。

三　両軍の位置関係（南宮山の西軍）

吉川広家は九月十二日付けで家臣・祖式長好に宛てた書状で「去七日、南宮山《なんぐうさん》に陣取りました。敵は垂井《たるい》（岐阜県垂井町）・赤坂に布陣しています」と述べている（『祖式家旧蔵文書』）。大垣城から西へ約九㎞の南宮山に広家が九月七日に布陣したこと、東軍が赤坂と垂井を押さえていたことがわかる。

また伊達政宗《だてまさむね》は、大垣城の援軍として毛利秀元《もうりひでもと》、長束正家《なつかまさいえ》、吉川広家、安国寺恵瓊《あんこくじえけい》が現れたとする情報を徳川家臣から得ている（『大阪歴史博物館所蔵文書』）。政宗が同時期に片倉《かたくら》景綱《かげつな》（小十郎）に宛てた書状には「大垣の助けに、毛利宰相（秀元）が僅か一万五千くらいの兵で、大垣の南の山に現れた」とある（『片倉代々記』）。

神戸久五郎の覚書には、南宮山に長宗我部盛親《ちょうそかべもりちか》が布陣したとある。一方、長宗我部家臣・福留政親《ふくとめまさちか》の覚書は、盛親は栗原《くりはら》に布陣したとする。

また、『関ヶ原御合戦双紙』には「垂井の南、岡ヶ鼻《おかがはな》いう山に、安芸中納言《ママ》（秀元）、吉川（広家）、長宗我部（盛親）、安国寺（恵瓊）、長束大蔵（正家）二万ほど、弓・鉄炮を先に備、段々に布陣した」とあり、南宮山ではなく「岡ヶ鼻いう山」と記されている。

明治二十五年（一八九二）に郷土史家・神谷《かみや》道一《みちかず》が著した『関原合戦図志《せきがはらかっせんずし》』に、「岡ヶ鼻」は「南宮山」と基本同じと記されている。また、軍学者・植木悦《うえきえつ》が著した『慶長軍記《けいちょうぐんき》』（寛文《かんぶん》三年〈一六六三〉成立）でも「南宮岡ヶ鼻」と記されていることから、基本同じと考えていいだろう。

福留政親の覚書が、長宗我部盛親の布陣地を栗原とする点については、長宗我部氏に仕えていた者の記述であることに加えて、『慶長軍記』にも「栗原山より長宗我部・安国寺、多良山へ引き退く所に」と、あえて「栗原山」と表記し、盛親と恵瓊が栗原山から多良《たら》（大垣市上石津町）へ退こうとしたと記していることから、盛親の布陣地は栗原山である可能性が高い。

多くの史料は盛親の布陣地を「南宮山」あるいは「岡ヶ鼻」と記すが、栗原山と象鼻《ぞうび》山は南宮山の支脈《しみゃく》であり、山脈として繋がっていることから、「南宮山一帯」と表すことができる（序章22頁・図1参照）。毛利秀元、吉川広家、長宗我部盛親、安国寺恵瓊、長束正家の布陣地が南宮山一帯であることは確かであり、また盛親の布陣地が栗原山であったとしても、南宮山とする記述が誤りとはいえない。

四　両軍の位置関係（関ヶ原方面の西軍）

大谷吉継は、『日本戦史』では脇坂安治《わきざかやすはる》、小川祐忠《おがわすけただ》、朽木元綱《くつきもとつな》、赤座直保《あかざなおやす》、平塚為広《ひらつかためひろ》、戸田勝成《とだかつしげ》らとともに九月三日に美濃国に入って山中に布陣したとされている。宮川忍斎《みやがわにんさい》（尚古）によって編纂された『関原軍記大成』（正徳《しょうとく》三年〈一七一三〉成立）は、時期を明確に記していないものの、八月頃に大垣へ入った記述となっている。

このように通説の基《もと》となっている二つの史料が異なる見解を示しているように、大谷吉継の動向は不明な点が多い。しかし前述のとおり、大垣から関ヶ原へ転進したのは、石田三成、小西行長、島津惟新、宇喜多秀家であるため、吉継の大垣在陣は否定される。

『細川忠興軍功記《ほそかわただおきぐんこうき》』には「八月二十七日頃に北国から大谷刑部少輔（吉継）が大軍で現れて関ヶ原に布陣したため、関ヶ原に近い池田三左衛門（輝政）殿の陣が（敵と対峙する）最前線となりました。そのため、忠興様は三左衛門殿に陣替《じんが》えを求められましたが、三左衛門殿は同意せず、少し口論となりましたが、事前に了承を得ていたことですので、やがて陣替えとなりました」という逸話が記されている。

『細川忠興軍功記』は、一つ書きの形式がとられた覚書であり、寛文四年（一六六四）に成立した（ただし、寛文九年に別人による加筆も行われている）。事件等の日にちについては、誤りも見られるが、条の末尾に情報源（語り手）が示されている箇所が所々見られ、中には忠興本人から聞いたとする条目も見られるように、当時の人物から発せられた情報を集約した史料である。

岐阜城陥落（八月二十三日）の後、東軍は赤坂と垂井を押さえて西側から大垣へ向かう進路を塞いでいるため、吉継が関ヶ原方面に布陣したというのは理に適っている。日にちの誤差は考慮しなくてはならないが、逸話の内容は信じていいだろう。

若宮八幡神社の背後に位置する史跡・大谷吉継陣跡（関ケ原町山中）（第四章112頁・図7参照）は、塹壕状の横堀《よこぼり》が確認されている（岐教：二〇〇二）。また『関ヶ原御合戦双紙（大和文華館本・蓬左文庫本）』には、九月十五日夜に家康が吉継の陣跡を利用して本陣を置いたと記されている。夜間に大垣から関ヶ原へ移動して即席で構築された三成らの陣とは異なり、山中にある吉継の陣は、九月初旬に着陣したことで立派に仕上がっていたのであろう。これらのことから、吉継が布陣したのは山中と考えられる。

『寛永伝』脇坂安治の項には「脇坂父子は大坂より濃州山中に馳せ向かひける」とある。

ただし、寛永二年（一六二五）十月二十八日付けで徳川秀忠が竹中重門《たけなかしげかど》（美濃岩手城主）に宛てた領知宛行状《りょうちあてがいじょう》に「山中村内藤下村」とあるように（『東京大学史料編纂所所蔵文書』）、当時は山中と呼称する場合、藤下《とうげ》（関ケ原町藤下）が含まれることもあった。よって現段階では、山中・藤下一帯としたい。

五　両軍の位置関係（東軍）

一方の東軍は、前述のとおり赤坂、垂井を押さえている。九月十四日昼に家康が赤坂に到着したことに伴って、豊臣系大名は同日夜に青野ヶ原に陣を移している（『藤堂家覚書』）。

楽田から約三㎞北にある曽根《そね》（大垣市曽根町）には水野勝成《みずのかつなり》、西尾光教《にしおみつのり》が駐屯し（『寛永伝』）、楽田を牽制《けんせい》している。大垣城と南宮山の間に位置する長松《ながまつ》城（大垣市長松町）には、一柳直盛《ひとつやなぎなおもり》が楔《くさび》を打つように駐屯している（『寛永伝』）。また、大垣城から南へ約九㎞の福《ふく》束《つか》城（岐阜県輪之内町）には、市橋長勝《いちはしながかつ》が駐屯した（『寛永伝』）。徳永寿昌《とくながながまさ》は、西軍の池田《いけだ》秀《ひで》氏《うじ》が籠る駒野《こまの》城（岐阜県海津市）を攻城している（『寛永伝』）。

六　家康の南宮山殲滅構想

　このように、大垣城は東軍に囲まれている状況であった。また、東海道に所領を有する東軍諸将は、西上する過程で所領に立ち寄ったことで兵力の増強が可能となり、会津征討の際に課せられた軍役《ぐんやく》を上回る兵数を率いていた。

　島津惟新は四月二十七日付けで兄・島津龍伯《りゅうはく》（義久）に宛てた書状において、会津征討の軍役基準は「百石に三人役」（石高百石ごとに三人出す）と述べている（『島津家文書』）。これを池田《いけだ》輝政《てるまさ》（三河吉田城主）に当てはめると、十五万石であるから兵数は四千五百となる。

　しかし、東軍の諸将が清須を出陣した日にあたる八月二十一日付けで福島正則が諸将の兵員数を記した覚書によると、輝政の兵員数は六千五百である（『岡文書』）。この覚書は軍事的な必要性から作成されたと考えられるため、記載されている数は実数に近いと思われる。

　東海道に所領を有する東軍諸将が兵力を増強できたのは、所領に立ち寄ったことに加えて、小山《お やま》評定《ひょうじょう》の際に城の進上を申し出たことで徳川氏の番手が置かれ、本来は城の守備に充てる戦力を回すことが出来た点も大きいだろう。

つまり、西軍が大垣城から打って出て、赤坂にいる東軍を打ち破ることは容易ではなかった。こうした状況下で家康が赤坂に着陣したことは、東軍の戦力に余裕が出来たことを意味しており、東軍の戦略の幅は大きく広がったのである。

仮に南宮山が攻撃を受けて壊滅させられた場合、大垣城は完全に孤立してしまう。西軍にとって大垣籠城による持久戦は、決して良い作戦とはいえない。伊達政宗は片倉景綱に宛てた書状において次のように記している（『片倉代々記』）。


【史料3】

（前略）内府（家康）様は今月十一日に清須へ到着したとのことです。大垣の助けに、毛利宰相（秀元）が僅か一万五千くらいの兵で、大垣の南の山に現れました。これをまず討ち果たされるとのことです。大垣の抑えには、これ以前から岐阜表（濃州表）に陣取っている衆を差し向けられるとのことです。（東軍の）勝ちは固いと思います。（後略）


政宗が徳川家臣・村越直吉《むらこしなおよし》らへ宛てた書状には「去十二日に清須から送られた書状が届

きました」、「その表（濃州表）の儀、大垣の援軍として、毛利宰相（秀元）・長大（正家）・吉川（広家）・安国寺（恵瓊）が現れたとのこと。よって、まずはこの衆に向かわれ、即時に討ち果たされるとのこと、尤《もっと》もだと思います」とあることから（『大阪歴史博物館所蔵文書』）、［史料3］で述べられている美濃国に関する情報は、村越直吉らが九月十二日付けで政宗に送った書状が基となっていることがわかる。
家康は赤坂に到着する二日前（九月十二日）の時点では、美濃に展開している諸将に大垣城を抑えさせて、先に南宮山の毛利勢を殲滅する構想を持っていたのである。

七　西軍の関ヶ原転進

西軍の関ヶ原転進には、大垣城孤立の危機のほかにも大きな理由があった。島津家臣・神戸久五郎の覚書は、関ヶ原転進の過程を次のように記している。

［史料4］
（前略）赤坂の岡山に公方様（家康）が陣取なされ、（東軍は）大垣に抑えの軍勢を残

して、公方様は京都へ進軍するとの情報が、（西軍の居る）大垣に入りました。（西軍は）そうなっては一大事であると、関ヶ原に出て勝負しようと決議し、九月十四日夜になってから大垣を出立し、夜中に関ヶ原へ到着されました。（後略）

家康が大垣城の抑えを残して京都へ進軍するとの情報が大垣に入り、一大事と考えた西軍は関ヶ原転進を決めたという。この覚書は、寛文四年（一六六四）に書かれたものである。関ヶ原合戦から歳月が経っているが、大垣城と南宮山に抑えを残して、関ヶ原を突破して上方を目指すことは可能であり、一日でも早く大坂城を奪還して、豊臣秀頼を推戴する必要がある家康にとって、最良の作戦といえる。

そのため、西軍は東山道《とうさんどう》（中山道）と北国脇往還《ほっこくわきおうかん》を塞いで東軍の進路を阻む必要があった。西軍は家康の謀略によって大垣城の外へ誘い出されたわけではない。関ヶ原への移動は、大垣城孤立の回避と、家康の西上阻止の二つの理由から必要な作戦だったのである。

第三章

「西軍の関ヶ原転進は小早川秀秋の寝返りに対処するため」とする説の検討

一　吉川広家自筆書状案

前章では、大垣城《おおがき》（大垣市郭町）に籠る石田三成らが関ヶ原へ移動したのは、大垣城孤立の回避と、家康の西上阻止の二つの理由から必要な作戦だったことを述べた。

しかし、西軍の関ヶ原転進の理由として、小早川秀秋《こばやかわひであき》の逆意が明らかとなったことによるとする説が存在する（白峰：二〇一四など）。

秀秋の寝返りに対処するために関ヶ原へ移動したとするものであり、西軍の布陣は松尾《まつお》山《やま》（関ケ原町松尾）を敵対勢力と捉えたものとなるため、第二章で述べた拙説とは相容れない関係にある。よって詳しく検討する必要があるだろう。

この説の論拠となっているのは、吉川広家《きっかわひろいえ》が慶長《けいちょう》五年（一六〇〇）九月十七日に書いたとされる書状の案文《あんもん》（下書き）である（『吉川家文書』）。関ヶ原合戦〈以下、本戦と表記〉の当事者が、本戦から二日後に書いたものとして高く評価され、広く活用されている史料であるが、後述するように見直す必要がある。

『吉川家文書』には、慶長五年九月十七日に書いたとされる書状案〈以下「案文A」と表記〉

のほかにも、本戦について言及した広家の書状案がある。慶長六年のものとされる書状案〈以下「案文B」と表記〉と、年未詳の書状案〈以下「案文C」と表記〉である。

まず「案文B」は、八ヶ条の箇条書きで記されており、毛利《もうり》輝元《てるもと》に対して弁明を述べた文書という体裁がとられている。本戦前日に広家が東軍と結んだ不戦の密約について、毛利家中で批判があることを広家は聞いたと冒頭で述べており、批判に対する弁明を述べるために作成された文である。

一条目の「去七月、安国寺（恵瓊）は佐和山へ赴いて石治（三成）・大刑（吉継）と会談をおこない」、七条目の「去年の御和平」の文言から、本戦の翌年にあたる慶長六年（一六〇一）に書いた体裁をとっていることがわかる。

文中で家康は「内府《だいふ》様」と、様付で呼称されている。慶長六年のものであれば違和感はない。しかし、二条目・四条目・七条目に着目すると、「大御所《おおごしょ》様」と呼称されている。徳《とく》川《がわ》秀忠《ひでただ》が征夷《せいい》大将軍《たいしょうぐん》に就任し、家康が大御所となるのは慶長十年（一六〇五）であることから、「案文B」が慶長十年以降に作成されたことは疑いない。

一方、「案文C」は覚書の形式がとられ、十四ヶ条の箇条書きで記されている。「案文B」のように書かれた時期を示す文言はないが、家康の呼称が一条目・七条目・八条目では「内府様」、四条目では「御所様」、十条目では「大御所様」と記されている。慶長十年以降に作成されたことは間違いない。毛利輝元の呼称も統一されておらず、四条目は「宗瑞《そうずい》」、八条目・九条目・十条目は「輝元」となっている。

しかし、「案文C」の文面が整えられた写が『吉川家文書』に収められており、そこでは家康の呼称が「御所様」に統一されているため、慶長八年（一六〇三）頃に書いた体裁をとっていたと考えられる。

「案文B」と「案文C」は、安国寺恵瓊《あんこくじえけい》が徳川氏との闘争を主導しており、広家はそれに当初から反対していたというのが主な主張であり、不戦の密約の正当性を訴えている点と、作成時期を偽装している点が共通している。政治的思惑の強い史料であり、記載された情報の信憑性は低いといえる。

二　慶長五年九月十七日に書いたとされる書状案

次に広家が九月十七日に書いたとされる「案文A」についてみていきたい。大坂にいる毛利家の重臣に宛てられているが、『吉川家譜』に「広家公より関ヶ原の始末を輝元公へ仰せ進《まい》らせらる」とあるように輝元に対する披露状であった。六ヶ条の箇条書きで記されている。二条目に「昨日、南宮山から陣替えしました」、「今日、佐和山に到着します」、追伸にあたる追而書《おってがき》に「一昨日十五日」といった文言がみられることから、本戦から二日後の九月十七日に書いた体裁をとっていることがわかる。

「案文A」は、文の訂正がおこなわれているが、もとの文字が読めるように線で消した「見せ消ち」で訂正されている。読みづらくなるが、必要な情報であるため「見せ消ち」の箇所を括弧で示した。長文の史料であるが、全文を掲載する。

［史料5］

一[①]このたびの惣和談（東軍と毛利の和睦）のことは、そちら（大坂の毛利家重臣）へ伺ってから調えるべきでしたが、敵の動きは先書で申し上げたとおりです。内府（家康）が到着したことで、先鋒の衆（豊臣系大名）は青野ヶ原（大垣市青野町）へ移動しました。先鋒の衆が使っていた陣所に内府が入りました。［見せ消ち：そして敵の動きについて聞こえてきたのは、軍勢を二手に分けて、一手は山中（関ケ原町山中）に攻め入り、筑中（秀秋）はそうなると］ところが、筑中は早くも逆意を明らかにしました。それにつき、大垣の衆（三成ら）も［見せ消ち：かの地（大垣）に居られなくなり］大刑少（吉継）の陣が気がかりとのことで、山中へ向かって引き揚げました。これは佐和山へ二重［見せ消ち：番］引きをする心づもりである［見せ消ち：と眼前に見ました］と見えました。［見せ消ち：そうなると戦］およそ、味方として出陣した■衆■■衆（三文字、黒塗り）は、おそらく（東軍に）同心していると耳にしました。その地（大坂）に居る衆も（東軍へ）使者を送らない方［見せ消ち：衆］は多くないとのことです。一つとして早くも［見せ消ち：戦］御勝手が成り立つ様子はありませんでした。この時は、数代の御家（毛利家）をむざむざと果てさせることは、余りにも残念に思い、長大（正家）・長老（恵瓊）そのほかの衆には相談せず、両人（広家と福原広俊）は細心の注意を払っておりましたので、別の者に伝えることなく、黒田甲斐（長政）の所へ広家の家来の三浦と申す歩卒を口上だけで［見せ消ち：状を持たせずに遣わして］惣和談の手立ては如何あるべきかとだけ申し遣わしましたところ、黒甲（長政）は福左（正則）と相談して、すぐに内府の御本陣［見せ消ち：所］へ使者（三浦）を連れてゆき、井伊兵部（直政）・本多中書（忠勝）と引き合わせなさって、（家康に）披露を遂げられました。［見せ消ち：内府と御対面しました］そういうわけで［見せ消ち：そして］まず井兵（直政）・本中（忠勝）が誓紙をもって相違ない旨を述べ、その上で吉川（広家）と福原（広俊）の誓紙と人質が来たら、内府が直に誓紙を輝元様に対して発給されるとのことで、井兵・本中が誓約した誓紙が両人（広家と広俊）に遣わされました。もちろん、血判や署名する所をこちらの使者（三浦）に御見せになりました。その誓紙の条は、一つは惣和談について相違ないこと、一つは輝元に対して内府は少しの別心もないこと、一つは現在の（毛利家の）領知は安堵されること、といった内容でした。また、福左と黒甲から、このように（不戦の密約が）成立した上は、以後、両人（広家と広俊）に対して少しも相違なく面倒をみるとのことを［見せ消ち：両人に対して誓紙］告げられ、三浦に福左と黒甲の家来が一人ずつ添えられて戻って来たので、この返事をしなくてはと（広俊と）相談し［見せ消ち：事にて］、両人は［見せ消ち：誓紙を作成し、使者を帰］右四人（直政・忠勝・正則・長政）の誓紙に返事を調え、遣わして［見せ消ち：作成し、この上は］、こちら（東軍）の動きは如何かと両使に尋ねたところ、両使が申すには、山中への先鋒は福左太、黒甲、そのほか加左馬（加藤嘉明）、藤佐（藤堂高虎）。［見せ消ち：そのほか］上方から下った衆が筑中納言（秀秋）を（寝返るように）手引きしたので、［見せ消ち：合戦］中に寝返り（西軍を）討ち果たすとのことです［見せ消ち：合戦するとのことです］。南宮山の抑えには、先鋒に池田三左衛門尉（輝政）、井伊兵部、本多中書、そのほか内府の馬廻《うままわり》衆がおります。土佐侍従（長宗我部盛親）の弓・鉄炮衆、安国寺の陣を、田中兵部（吉政）と堀尾信濃（忠氏）は足がかりが良いので切り崩すとのことです。今においては［見せ消ち：この分であれば］和談が成立したので、相違となるでしょうかと（両使は）申しました。［見せ消ち：まずはこの分であるとのことです］こちらの申し分としては、この和談のことは両人（広家と広俊）だけが存じていることであり、長大・安国寺・長土の弓・鉄炮衆などは知らぬことなので、（東軍の）抑えの衆が攻め掛かれば合戦となるでしょう。そうなると首尾が相違してしまうので、抑えの軍勢をなしにしていただければ、当陣にいる者は攻め掛からぬように待機すると（両使に）申して帰しました。それに対する返事はありませんでしたが、少しも抑えの軍勢を置かれることなく合戦は終わりました。［見せ消ち：こちらの軍勢は攻め掛からず控えているようにと（両使は）申して帰りました。右に申し上げたように、とにもかくにも一致する状況ではありませんでしたので］長大と安国寺は攻め掛かろうとしておりましたが、両人（広家と広俊）はあれこれと理由を申して出撃させませんでした。そして、敵の情報を収集したところ、案の上、山中は即時に乗り崩され、悉く討ち果たされました。島津（惟新）などは選りすぐりの三千の軍で随分と一合戦するとのことでしたが、なかなか出撃できずに、その身一騎で戦場を抜けて、伊勢の地へ退却する次第でしたので、何度も聞くことができない状況だったことを申しました。

一② 福左と黒甲が山中へ進軍した時に、使者が二人やってきて、人質は福原の弟（元頼）と粟屋彦右衛門（就光）の子（家成）を早々に提出するようにと申されました［見せ消ち‥連絡がありました］ので、合戦の有様は右のとおりであり、今となっては控えていては成り立たないので、両人（広家と広俊）は望どおり人質を差し出し、内府が直に発給する殿様（輝元）への誓紙を先刻の話し合いの通りに（発給して欲しい）と申して、広家・福式の使者を二人副《そ》えて人質を差し出しました。福左と黒甲は先鋒として進んだため、使者二人は先行して、未だ帰ってはきません。人質は［見せ消ち‥特に］内府が本陣で受け取られて［見せ消ち‥いっそう懇ろに仰せられて］堀尾信濃殿にお預けになりました。当手（毛利）の軍勢も近江国へ攻め入るようにと、福左と黒甲が申し置かれましたので、その通りに昨日、南宮山から陣替えしました。路次案内の者を堀尾信濃殿から出すようにと［見せ消ち‥内府が仰せられて両人を出されました］、道筋も信濃殿が通った北筋の道へ出ました。今日、佐和山に到着しますので、追々申し上げます。

一③長土佐殿の弓・鉄炮衆は、一昨日に内府が山中へ攻め入ったのを見て、人夫は悉く伊勢の地へ向かって退き、山中の合戦が（東軍の）意のままになったのを聞いてからは、皆、無断で伊勢路に退きました。

一④長大蔵殿［見せ消ち：も］山中合戦の戦況が悪いとの報せが到来すると、すぐに無断で伊勢路に向かって退きました。

一⑤安国寺も長大と同様に中途まで逃れましたが、何を思ったのか、中途から引き返して南宮山に戻りました。そして、この和談のことを聞いて、間違いなく切腹となるから覚悟するようにと、使者をもって伝えてきました。かつて、このようになったことは無かったので、軍勢・武具などを身に着けずに隠れて、出家一身の安国寺で先に参られるのがよいと（使者に）申して、右のとおりとなりました。

一⑥こちらの調儀（不戦の密約）は右のとおりです。既に日がありませんでしたので、申すに及ばず、一刻も違えば和睦は成立しませんでしたので、そちらへ伺うことは、なかなか出来ず、右のとおり、まず両人（広家と広俊）が調え、そちらの事は何もかも両人が粗忽に決めました。この時が御家の御存続にとって千言万言、肝心です。口上を述べる衆を［見せ消ち：一人］早々に下して申し上げたいですが、路次の程が如何にも計り難いため延引しました。いずれにしても今日・明日中に一人二人（使者を）下して［見せ消ち：口上をもって］詳しく申し上げます。そのうちに御判断のために、あらまし［見せ消ち：旨］を書中をもって申し上げます。

（追而書）重ね重ね言上いたします。こちらの和睦の取り決めは、現在の（毛利家の）領知は相違なく安堵されること、誓紙を交わし、人質として福原左近（元頼）と粟屋彦右衛門尉の子・十郎兵衛（家成）を差し出すことを要求されたので、望どおり差し出し［見せ消ち：調え］ました。福島左衛門大夫殿、黒田甲斐守殿が調え、井伊兵部、本多中書［見せ消ち：務］が取次となりました。［見せ消ち：いずれにしても口上を申す衆一人二人を明日中に下して申し上げますので］そちらのことは、右の通りに思し召しください。一昨日、十五日に内府様は直接、山中に攻め入られて合戦におよび、即時に（西軍を）討ち果たされました。昨日は近江国に至り、二手に分かれて攻め入りました。当手（毛利勢）は北口の軍勢と同様に攻め込むようにと、福左と黒甲が申しました。その通りに陣替えしました。福左と黒甲が先鋒として進んだので、人質は堀尾信濃殿へお預けしました。そして、路次案内の者が信濃殿から提供されました。一昨日、当手は南宮山の最前線に陣取、私が戦闘に参加させませんでした。兎にも角にも今においては、そちらは［見せ消ち：事はこの地で］調えた手筈《てはず》と違わぬように万全を期すべきです。［見せ消ち：御家の御存続はこの時と存じます。千言万言、相違ありません。右の口上を述べる衆を下すべきですが、路次ことを考慮して延引しました。この旨」

三 「案文A」を検討する

それでは「案文A」について検討していきたい。「案文B」の「大御所様」のように作成時期の偽装を明確に示す文言はないが、一読すると明らかに本戦の二日後に書いた文でないことがわかる。

本戦の後、毛利輝元は九月十九日付けで福原広俊《ふくばらひろとし》に返書を出して、不戦の密約を賞するとともに、東軍との和睦を成立させるように命じている（『福原家文書』）。これは九月十九日の時点においても東軍と毛利氏の和睦が未だ不成立であったことを示している。

つまり、「案文A」が書かれたとされる九月十七日の段階では、正式に和睦は成立しておらず、広家は和睦の成立に向けて毛利家がとるべき対応策について提言しなくてはならない。にもかかわらず、「案文A」では文を長々と書き連ねたにもかかわらず、不戦の密約を結んだ経緯と、西軍が惨敗した様子の説明に終始しており、自身の正当性を訴えるに止まっている。

和睦について言及した箇所は、六条目で「この時が御家の御存続にとって千言万言、肝心です」、追而書で「そちらは調えた手筈と違わぬように万全を期すべきです」のみであり、役に立つ提言は皆無となっている。

正式に和睦が成立しなければ、不戦の密約は元より水泡に帰す。九月十七日の広家に「案文A」の文面を書く余裕などないだろう。九月十七日に書いたものとは考え難い。東軍への内応に対する弁明を記すのは、毛利氏が減封となり、広家が毛利家中で批判を受けるようになった以降と考えられる。

また、不戦の密約を結んだ経緯についても疑問がある。一条目で広家は、秀秋の寝返りと西軍が大垣城を出たのを受けて、黒田長政の陣所に使者を派遣して密約を成立させたとするが、これから西軍を追って関ヶ原方面へ移動しなくてはならない長政に、対応する時間があったとは思えない。さらに見せ消ち箇所も含めると、東軍の移動は秀秋の寝返りよりも前であるため、西軍が大垣城を出た時には長政らは既に移動していたこととなる。時系列が大きく混乱しており、広家が自身の正当性を訴えるために時系列を操作したといえよう。

　そして「案文A」の文言を細かくみると、毛利氏が降伏する前であるため、東軍は「敵」と記され、家康も「内府」と様付無しで呼称されている。しかし、追而書では突如、家康が様付となり、福島正則・黒田長政も殿付となる。書き手である広家のスタンスが統一されていない。おそらく、本文と追而書は書かれた時期が異なるのであろう。

「案文B」と「案文C」のように作成時期の偽装を明確に示す文言はみられないものの、これらと同様の趣旨をもつものであり、後年に作成されたものと考えられる。

　また「案文A」は、東軍の布陣について井伊《いい》直政《なおまさ》や田中吉政《たなかよしまさ》を南宮山の抑えとして記している誤りが存在する。もっとも、諸将の布陣に関しては、意図的に虚偽を記載する必要性はあまりなく、広家も福島正則《ふくしままさのり》・黒田《くろだ》長政《ながまさ》から派遣された使者から聞いた情報として記している。後年の記憶違いの可能性もあり、この点については深く考える必要はないだろう。

もっとも、「案文A」は既に光成準治《みつなりじゅんじ》氏によって次の疑義が唱えられている（光成：二〇一四）。

①本戦の二日後に、広家が輝元に対して合戦の状況を報告するために作成されたという体裁をとっているが、『毛利家文書』に正文が残されておらず、合戦の二日後に作成されて発送された事実を証明することはできない。合戦からある程度の期間を経た後に、広家の働きを強調するために作成された可能性もあり、記述内容を全面的に信用することはできない。

②広家勢が毛利勢の最前線に布陣したとする一方で、別の部分には、南宮山山頂の陣から下る最前列に恵瓊が配置されたことが明白に記されている。

これに対して白峰旬《しらみねじゅん》氏は「案文A」に肯定的な立場をとり、次の主張をおこなっている（白峰：二〇一五）。

①「合戦からある程度の期間を経た後」ではこれだけ詳細な内容が書けないはずである。

②合戦の場所を「山中」と記す文書は合戦直後の文書に限定される。

③合戦後、広家は早急に自分の行動責任の説明を毛利輝元におこなう必要があったはずである。

しかし、②の「山中」の文言については、慶長十年以降に作成された「案文B」にも出てくるため、合戦直後の成立を示す根拠にはならない。また③に関しては、前述のとおり「案文A」が不戦の密約を結んだ経緯と、西軍が惨敗した様子に終始しており、和睦の成立に向けた提言がない点は、むしろ不審である。①についても、後述するように内容に矛盾があるため、詳細さは評価の対象にはならない。

「案文A」「案文B」「案文C」は、後年に広家が何故こうした偽装をしなくてはならなかったかという点では重要な史料である。しかし、記載された情報の信憑性は低いといえよう。

四　西軍の関ヶ原転進は小早川秀秋の寝返りに対処するためか？

それでは、西軍の関ヶ原転進は小早川秀秋の逆意が明らかとなったことによるとする説について、まずは「案文A」の矛盾を突いていきたい。

「案文A」は、家康が着陣した後、秀秋は早くも反旗を翻した。それによって、大垣城にいた三成らは山中の大谷吉継《おおたによしつぐ》の陣が気がかりとなって、吉継の救援のために大垣から山中へ退いたという。

しかし、見せ消ちでは「かの地（大垣）に居られなくなり」と記されている。秀秋の寝返りを受けて吉継の救援のために関ヶ原へ退いたのと、秀秋の寝返りによって大垣に留まれなくなり、関ヶ原へ退いたのとでは全く話が異なる。これは、書き間違えというレベルではなく、広家が話を推敲したといえよう。

また「佐和山へ二重引きをする心づもりであると見えました」とも記しているが、吉継の救援と佐和山への退却が両立できるものなのか、矛盾しているように感じられる。佐和山への退却を述べるのであれば、削除された「かの地（大垣）に居られなくなり」の方が意味は通じる。

そして「案文A」の見せ消ちに「軍勢を二手に分けて、一手は山中に攻め入り、筑中はそうなると」とあるため、秀秋の寝返りは東軍が関ヶ原へ移動した後であることを広家が認識していた可能性が高い。第二章で述べたように、東軍が関ヶ原へ移動を始めた時には、西軍が大垣城を出てから約七時間経過している。秀秋の寝返りが東軍の関ヶ原移動後である場合、自ずと西軍の関ヶ原移動後でもあるため、秀秋が寝返ったことで西軍が関ヶ原へ移動したとする理屈は成り立たない。

また「案文B」では、家康が赤坂《あかさか》（大垣市赤坂町）に着陣した時に三成らは大垣と南宮山を捨てて山中へ退いたと述べている。前述のように「案文B」は慶長十年以降に作成されている。

慶長十二年（一六〇七）には成立していた『関ヶ原御合戦双紙《せきがはらごかっせんぞうし》』には、家康の赤坂着陣に三成らは慌てふためいて大垣城を出た様子が記されているように、慶長十年頃は西軍が関ヶ原へ移動した理由は家康の赤坂着陣にあったとするのが共通認識としてあったと思われる。そのため、「案文B」を記した時の広家は、西軍の関ヶ原転進の理由を秀秋の逆意に求めることはせず、共通認識に則ったのであろう。このことから「案文A」と「案文B」では「案文B」の方が後の成立であり、広家自身、西軍の関ヶ原転進の理由を秀秋の逆意に求める考えを改めていたといえる。

西軍が関ヶ原へ移動する前から、秀秋が反旗を翻したとする「案文A」は誤りであるが、同様の記述をもつ史料も存在する。『寛永諸家系図伝《かんえいしょかけいずでん》』〈以下『寛永伝』と表記〉稲葉正成《いなばまさなり》（秀秋の老臣）の項に「松尾山の新城に入て、その城主・伊藤長門守（盛正）を逐《お》う、時に九月十四日なり」と、九月十四日に松尾山に在番していた伊藤盛正《いとうもりまさ》を追い払って松尾山を占拠したとする。

この通りであれば、秀秋は本戦前日に反旗を翻したこととなる。しかし、松尾山には山城が築かれており（岐教：二〇〇二）、秀秋が大軍を擁していたとはいえ、険しい松尾山城を電光石火《でんこうせっか》で攻略することは不可能であり、時間を費やせば山中に布陣する大谷吉継に背後を突かれることになる。一方、味方として松尾山城の主郭（本丸）まで入り、騙《だま》し討ちで占拠したのであれば、伊藤盛正は暗殺されているであろう。

そして『寛永伝』平岡頼勝《ひらおかよりかつ》（秀秋の老臣）の項には「関ヶ原合戦の時、秀秋、三成と約をなして美濃国松尾の城にたてこもる」とあり、こちらの記述が真相と考えられる。秀秋の松尾山への入城は、三成らの要望に基づいたものであり、『寛永伝』稲葉正成の項は、正成の功績を喧伝《けんでん》するために本戦前から西軍に対して敵対行動をとった記述となったのであろう。

西軍の関ヶ原転進が秀秋の寝返りに対処することにあった場合、当然ながら西軍は秀秋を敵対勢力と捉えて布陣したことになる。しかし、島津惟新《しまづいしん》に従って本戦に参加した帖佐《ちょうさ》宗光《むねみつ》（宗辰）の覚書や、春日社家の東地井《とちい》祐範《すけのり》の日次記によると、西軍は寝返った秀秋に背後から攻められて壊滅したとある。秀秋を敵対勢力と捉えているのに背後を突かれるような布陣をするとは考え難い。

もっとも、本戦前日（九月十四日）の時点で大垣城の諸将が秀秋の内応を把握していたとする史料も存在する。島津豊久《しまづとよひさ》に従って当時十七歳で本戦に参加した宮之原才兵衛の覚書には、秀秋が反旗を翻して家康に通じたことを九月十四日に大垣城の西軍が把握したと記されている。また、島津惟新の老臣・長寿院盛淳《ちょうじゅいんもりあつ》に従って当時十九歳で本戦に参加した井上主膳の覚書にも「(九月十三日の晩から十四日の晩にかけての)談合の最中に、筑前中納言(秀秋)殿が寝返ったとの注進が届いた」とある。

しかし、十四日の時点で秀秋に関する情報が入っていたとしても、当時においては様々に飛び交う風聞の一つにすぎなかったと思われる。井上主膳の覚書においても、秀秋が寝返ったとの報に接した三成らがとった行動は、軍議の場に秀秋を呼び寄せて捕縛しようとするものであって、関ヶ原への転進には繋がっていない。

また『板坂卜斎覚書《いたさかぼくさいおぼえがき》』にも、秀秋が謀反したとの風聞《ふうぶん》(噂)があり、三成らが秀秋の寝返りに対処するために大垣城を出陣したとある。しかし、家康の侍医である板坂卜斎が、三成ら西軍の当事者しか知らないはずの関ヶ原転進の理由を知り得たか疑問であり、卜斎の推量に基づいた記述と思われる。

これらの理由から、西軍の関ヶ原転進は小早川秀秋の逆意が明らかとなったことによるとする説は成り立たない。

第四章 布陣地の考察

一　白峰旬氏の山中合戦説

関ヶ原合戦〈以下、本戦と表記〉における布陣図として、今日、流布しているものは『日《に》本戦史《ほんせんし》・関原役《せきがはらえき》』〈以下『日本戦史』と表記〉収載の図（付図第五号・関原本戦之図）〈以下「日本戦史の図」と表記〉が基となっている（序章22頁・図1参照）。

この「日本戦史の図」に対して白峰旬《しらみねじゅん》氏は、江戸時代に流布した本戦の布陣図をトレースしたものではなく、参謀本部が明治時代に創作した歴史的根拠のない布陣図であると評価している（白峰：二〇一四）。

本章で述べるように、歴史的根拠のない布陣図という評価は改めなくてはならないが、「日本戦史の図」が必ずしも正確ではない点を白峰氏が指摘したことは、研究の活性化に大きな役割を果たした。また白峰氏は、島津家臣の覚書をもとに本戦の布陣を考察し、概要図（布陣図）を作成した（白峰：二〇一六）ほか、主戦場は関ヶ原より西の山中《やまなか》（関ケ原町山中）であるとする山中合戦説を提唱し、従来の合戦像を覆す議論を巻き起こした（白峰：二〇一四）。

山中合戦説に対して、藤本正行《ふじもとまさゆき》氏は、山中は狭隘な場所で大軍の展開には適していない点を指摘した（藤本：二〇一五）。また小池絵千花《こいけえちか》氏は、家康が九月十五日以外「山中で合戦が行われた」とは書いておらず、後に「合戦は関ヶ原で行われた」と認識を改めた点を指摘している（小池：二〇二二）。

こうして、山中合戦説は否定された。しかし、一方で布陣地の比定に関しては「日本戦史の図」以上の成果が挙がっていない点に課題を残している。

そこで本章では、本戦に参加した当事者の覚書など、比較的信憑性の高い史料から本戦の布陣を考察し、可能な限り明らかにしていく。

二　関ヶ原合戦は街道突破戦

本戦で福島正則《ふくしままさのり》に属して戦った尾張小折《こおり》（愛知県江南市）領主・生駒利豊《いこまとしとよ》は、後年に本戦の様子を次の様に記している（『生駒陸彦氏所蔵文書』）。

［史料6］

（前略）関ヶ原で大夫（正則）殿の先陣の者が鉄炮を撃ち合っている後ろを、津田新十（正盛）、沢井左衛門尉（雄重）、森勘解由、兼松修理（正吉）、中村又蔵、林大学、安孫子善十、小坂助六（雄長）、武藤掃部・同清兵衛、奥平藤兵衛（貞治）、安井将監（秀勝）、稲熊市左衛門、堀田将監・同彦兵衛、寺西甚太郎、吉田平内、青山石見、私（利豊）どもが一列に通り、最前線で馬を降りました。宇喜多中納言（秀家）殿の先陣である敵とは、五六十間（約百m）離れていたであろうか。敵方で金の桐団扇の指物《さしもの》をさした鉄炮大将と遭遇したので、山の手へ降り下がり鉄炮を撃たせました。すると、山の尾先にいた（敵の）兵の半分ほどが（山の）上に引き揚げたので、（敵が）崩れたと思い、（中略）稲熊市左衛門、平井源太郎と申す牢人《ろうにん》、小坂助六、若党の清蔵と申す私（利豊）の家来、この四人が手柄を立てました。右のほかには、たうけ（藤下）より前で手柄を立てた者は一人もいませんでした。森勘解由は、たうけ（藤下）を越えてから討死しました。小坂助六が馬上から突き落とされたのを見て、兼松修理は馬から降りたとのことです。（これは）後に（兼松正吉が）語っておりました。改めて申し述べますので、ここでは詳しく記しません。恐々謹言。

傍線部より、①右のほかには「たうけ」より前で手柄を立てた者は一人もいなかった、②森勘解由《もりかげゆ》は「たうけ」を越えてから討死した、の二点から、「たうけ」が大きな節目となっていることがわかる。「たうけ」は藤下《とうげ》（関ケ原町藤下）を指していよう。戦いは大関《おおせき》（関ケ原町松尾）を突破し、藤下に至るまでが激戦であり、それ以降は追撃戦であったと考えられる。

　無論、「たうけ」に「峠」を充てることも考えられるが、その場合、可能性として「石王峠」と「石原峠」が挙げられる。石王峠は藤下を指すが、石原峠は『武家事紀《ぶけじき》』（延宝《えんぽう》元年〈一六七三〉成立）に「石原峠山中」、『関　原合戦図志《せきがはらかっせんずし》』に「西軍大垣より山中村石原峠へ人数を繰込」とあることから、山中村に属していたといえる。しかし、後述するように「たうけ（峠）」のみが記される場合は、藤下（石王峠）を指す。

　第二章で述べたように、西軍は東山道《とうさんどう》（中山道）と北国脇往還《ほっこくわきおうかん》を塞いで東軍の進路を阻む必要があった。西軍が東山道と北国脇往還を塞いだのに対して、東軍も東山道と北国脇往還を進んで攻撃した。本戦は、東軍による街道突破戦であった。そのため、戦いは大関と小関《こぜき》（関ケ原町関ケ原）を中心に展開したのである。

三　東軍諸将の布陣①

江戸時代に流布した布陣図は、『武家事紀』収載の図に代表される江戸時代前期に成立した布陣図の形式〈以下「前期布陣図」と表記〉と、江戸時代中期には成立しており、『高山公《こうざんこう》実録《じつろく》』を始めとして江戸時代後期にも用いられた形式〈以下「中期布陣図」と表記〉に大別される。二つは、有馬《ありま》豊氏《とようじ》、山内《やまうち》一豊《かずとよ》、松平《まつだいら》忠吉《ただよし》、井伊《いい》直政《なおまさ》ら東軍諸将の配置で違いが大きくみられるものの、西軍諸将の配置は類似している。

東軍諸将の配置が布陣図によって異なるのは、東軍は三成らを追って関ヶ原へ移動しているため、西軍のように計画的な布陣が出来なかった点や、戦局に応じて陣を移動させたたと考えられる点が挙げられる。『東照宮御《とうしょうぐうご》実紀《じっき》』には、福島家臣であった大道寺《だいどうじ》直次《なおつぐ》の語りと伝えられているものとして「このような大戦は前代未聞のことで、軍は順序なく入り交わり、作法次第ということもなく、先を競って攻めかかって敵を切り崩し、追い留めるということもなく、四方八方へ敵を追行したので、なかなか傍らを見ることはできないように見受けられた」と記されている。この記述は核心を突いていよう。

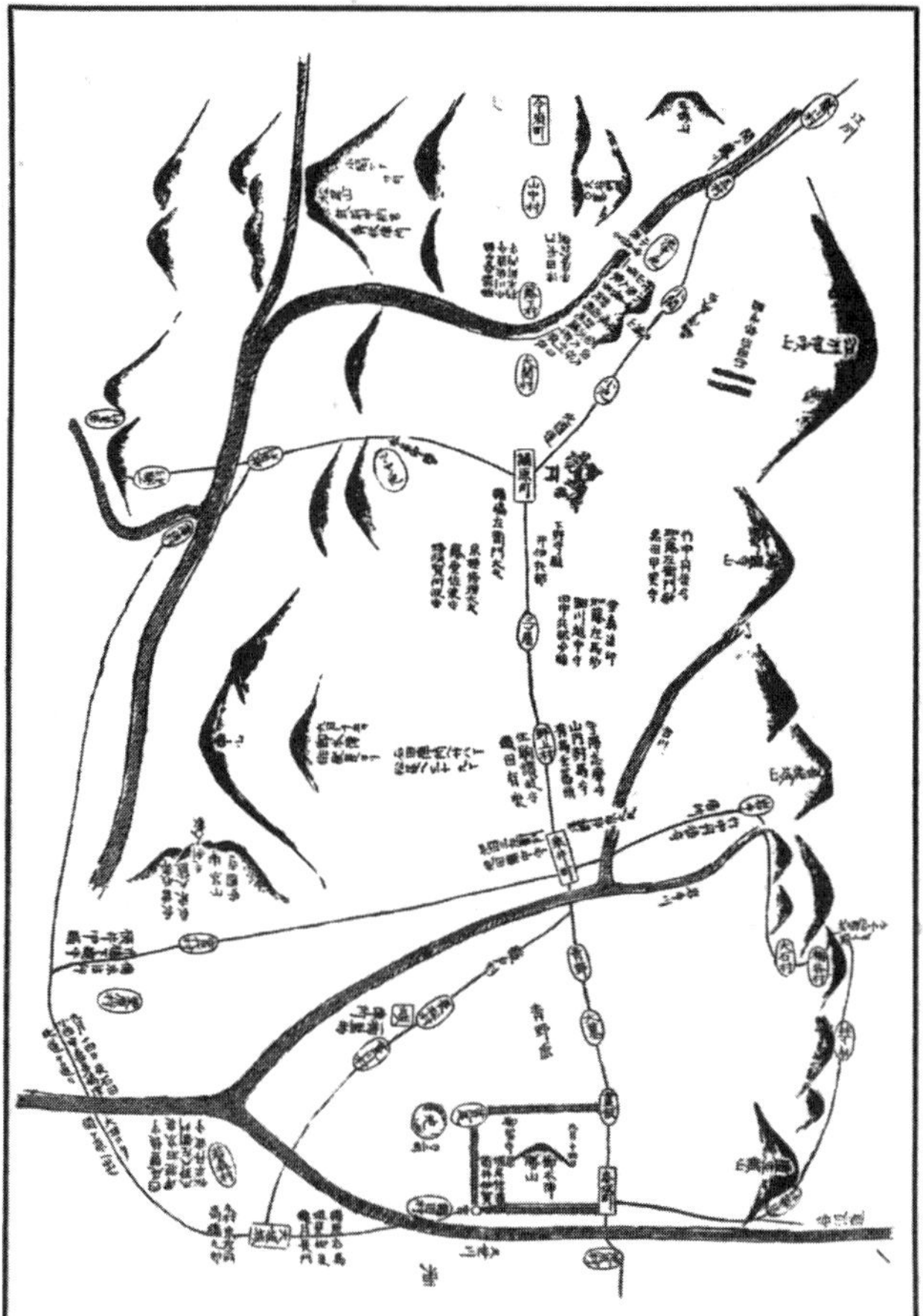

図４「前期布陣図」（『武家事紀』収載の布陣図、国立国会図書館蔵）

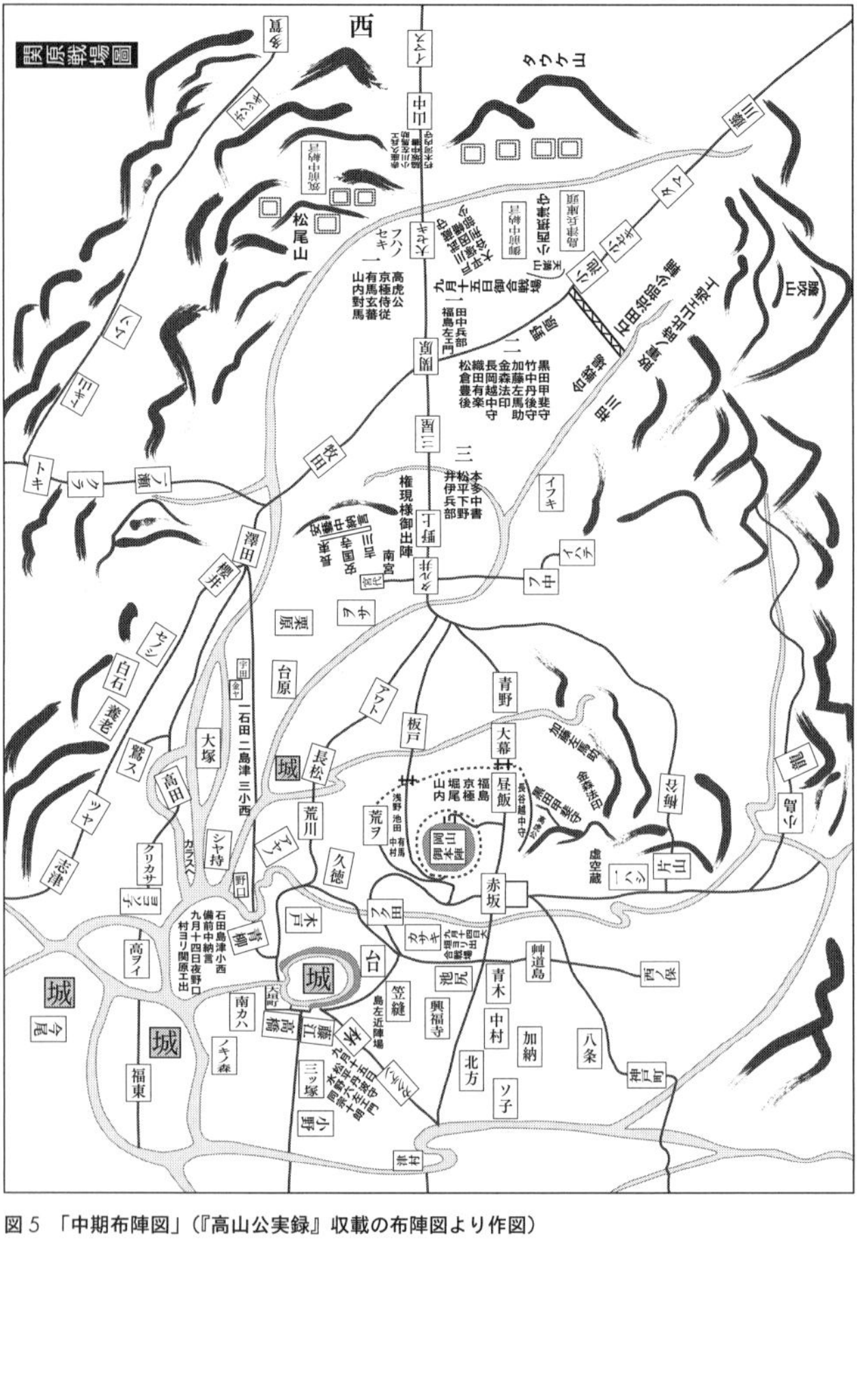

図5 「中期布陣図」(『高山公実録』収載の布陣図より作図)

例えば、『寛永諸家《かんえいしょか》系図《けいず》伝《でん》』〈以下『寛永伝』と表記〉黒田《くろだ》長政《ながまさ》の項では「長政自身、石田が陣に突き掛かり、大に戦いてこれを破る」とあるように、東軍側の史料では、誰と戦ったという記述はみられるが、何処に布陣したという記述は出てこない。

軍記物の中で成立の早い『関ヶ《せきが》原御《はらご》合戦《かっせん》双紙《ぞうし》』でさえ、東山道のどの辺りを進んだかという大雑把な表現に止まっている。このように東軍諸将の布陣地の比定は容易ではないが、可能な限り布陣地を比定していく。最初に、筆者が作成した布陣図〈以下「筆者作成図」と表記〉を次頁に示すので適宜参照いただきたい。

まず、徳川家康の布陣地については、『関ヶ原御合戦双紙』の三つの諸本（杤山家本・大和文華館本・蓬左文庫本）いずれも、野上《のがみ》（関ケ原町野上）と関ヶ原の間を示している。家康の居所は東軍諸将にとって関心事であったと考えられるため、誤って伝えられる可能性は低い。この記述は信用していいだろう。

『慶長《けいちょう》軍記《ぐんき》』（寛文《かんぶん》三年〈一六六三〉成立）になると、家康が桃配山《ももくばりやま》に本陣を置いたとする記述が確認できるようになる。

桃配山布陣は、著者・植木《うえき》悦《えつ》の推測である可能性も考慮すべきであるが、『寛永伝』渡辺《わたなべ》守綱《もりつな》の項によると、守綱が家康に本陣を高所へ移すように進言したことから、家康は高所

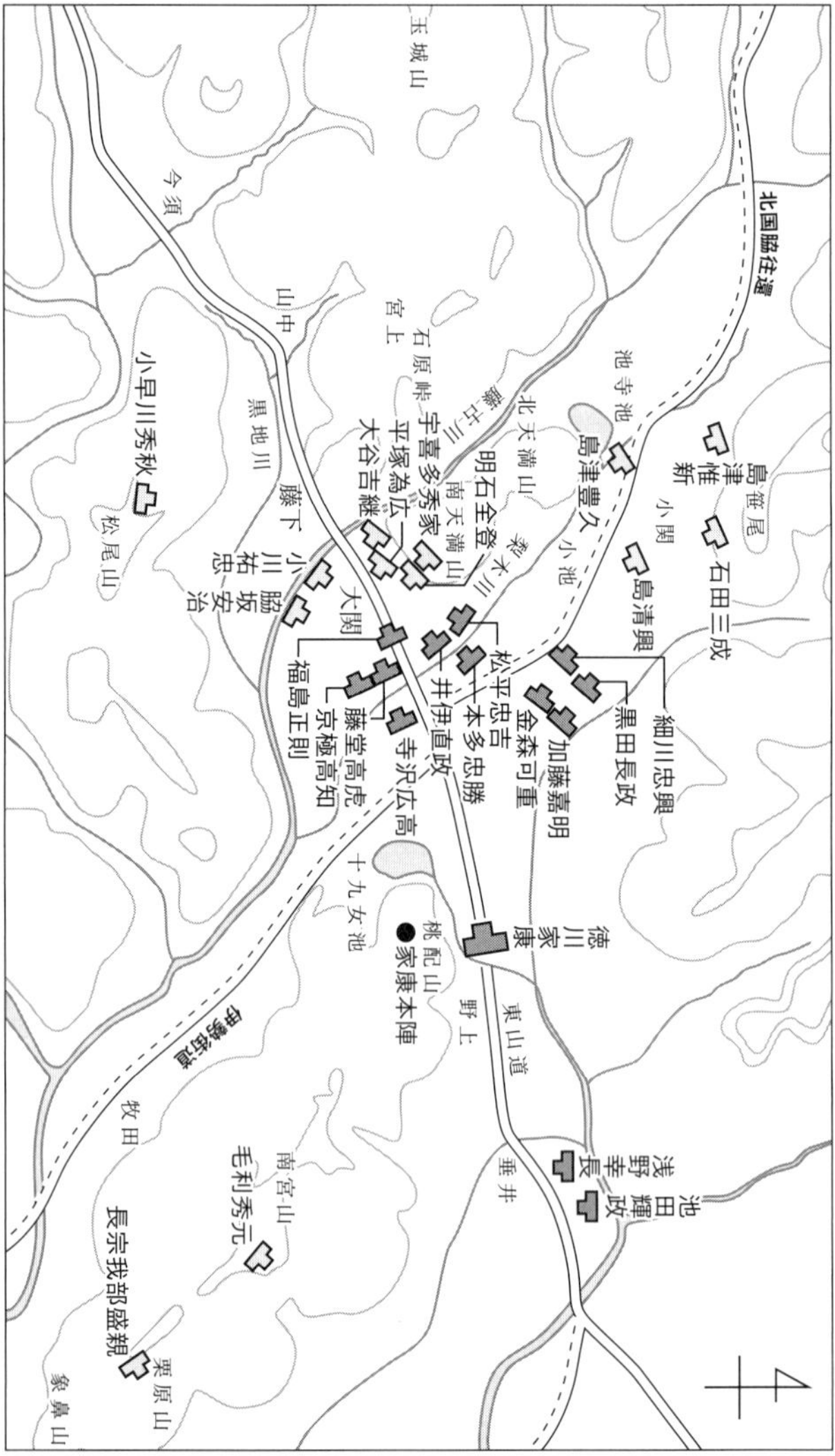

図６　筆者作成の布陣図（「筆者作成図」）
武将（部隊）は史料から布陣地を判断できるもののみを記している。図には反映されていないが、吉川広家、安国寺恵瓊、長束正家は南宮山一帯に布陣している。戸田勝成は大谷吉継の近くに布陣し、朽木元綱、赤座直保は脇坂安治の近くに布陣したと推測できる。小西行長は通説（図１）どおり北天満山に布陣したと仮定したい。

に本陣を置いたという。野上と関ヶ原の間において、桃配山は最も適した高所であることから、家康の本陣と考えてよいと思われる。

南宮山の抑えについては、『関ヶ原御合戦双紙』杤山家本は池田《いけだ》輝政《てるまさ》（三河吉田城主）と浅野《あさの》幸長《よしなが》（甲府城主）、大和文華館本では駿河《するが》衆が加わり、蓬左文庫本では更に遠江《とおとうみ》衆も加わっている。

笠谷《かさや》和比古《かずひこ》氏は、本戦における東軍の部隊配置が、岐阜攻略戦における編成を引き継いでいる点を指摘している（笠谷：二〇〇八）。また『細川忠興軍功記《ほそかわただおきぐんこうき》』によると、岐阜攻略戦の編成は、三河吉田《よしだ》（愛知県豊橋市）より東の大名と、三河岡崎《おかざき》（愛知県岡崎市）より西の大名で分けられたという。『関ヶ原御合戦双紙』の記述は、これらをよく反映している。

有馬豊氏（遠江横須賀城主）は赤坂《あかさか》（大垣市赤坂町）に布陣し、池田輝政と浅野幸長は南宮山の抑えを命じられている（『寛永伝』）。そして、一柳《ひとつやなぎ》直盛《なおもり》（尾張黒田城主）は長松《ながまつ》城（大垣市長松町）に駐屯した（『寛永伝』）。

また『板坂卜斎《いたさかぼくさい》覚書《おぼえがき》』には、大垣《おおがき》（大垣市郭町）の抑えであった堀尾《ほりお》忠氏《ただうじ》（遠江浜松城主）は、開戦を知ると一部の手勢を率いて関ヶ原へ駆け付けたが、到着した時には合戦は終わっていたとする逸話が記されている。

これらから、河田《こうだ》の渡し（岐阜県各務原市）から美濃へ進攻した池田輝政の組は、大垣城と南宮山の抑えであったといえる。なお、水野勝成《みずのかつなり》（三河刈谷城主）は池田輝政の組に属していないが、井伊直政と本多忠勝《ほんだただかつ》の要請によって曽根《そね》（大垣市曽根町）に赴いている（『水野勝成覚書』）。

四　東軍諸将の布陣②

『関ヶ原御合戦双紙』の大和文華館本は、黒田長政（豊前中津城主）、加藤嘉明《かとうよしあき》（伊予松前城主）、細川忠興（丹後宮津城主）は北国脇往還を西向きに攻め上ったとするが、蓬左文庫本では三名は、福島正則や井伊直政らとともに東山道を西向きに攻め上ったとする。『細川忠興軍功記』には、忠興は伊吹山に続く山際に攻め込んだとあるので北国脇往還を進んだといえる。また同史料には、開戦まで忠興は加藤嘉明、金森可重《かなもりよししげ》（長近の養嗣子）、黒田長政と一体を成して進んだとあり、さらに『寛永伝』黒田長政の項に「長政自身、石田が陣に突き掛かり、大に戦いてこれを破る」と、三成の陣を攻めたとあるので、大和文華館本の記述が正しい。

また、延宝七年（一六七九）頃に成立した『戸川家譜《とがわかふ》』には、戸川達安《とがわみちやす》は加藤嘉明隊の先陣として、三成の陣がある山へ攻め込んだとある。達安は宇喜多秀家の老臣であったが、同年（慶長五年）正月の御家騒動で宇喜多家を去った。『寛永伝』には会津征討の際、家康に召し出されたとあるが、『戸川家譜』に「浪人逼塞にて僅かの小勢なり」とあるように、独自に備《そなえ》（部隊）を構成できる兵員数を有していなかったと考えられる。ゆえに加藤嘉明の客将として参戦したのであろう。これらの史料から、細川忠興、加藤嘉明、金森可重、黒田長政は北国脇往還を進んだと考えられる。

藤堂高虎（伊予宇和島城主）は、『関ヶ原御合戦双紙』によると、京極高知《きょうごくたかとも》（信濃飯田城主）と共に東山道の南を進んでいる。また『藤堂家《とうどうけ》覚書《おぼえがき》』には次のように記されている。

【史料7】

（前略）翌日十五日の未明に、いずれも青野（青野ヶ原）を御発ちになって、関ヶ原へ向かう路次で藤堂新七郎（良勝）は先陣の隊に紛《まぎ》れて朝駆けをおこない、首を取りに行きました。これは諸軍の中で一番首であったため、（高虎は首を）高橋金右衛門に持たせて権現様（家康）に披露なさいました。その後、和泉（高虎）様の合戦の相手は、大谷刑部少輔（吉継）、脇坂中務（安治）、小川土佐（祐忠）、平塚因幡（為広）この四人でございましたが、中務（安治）と土佐（祐忠）は、和泉（高虎）様の調略《ちょうりゃく》で寝返りました。刑部少（吉継）の兵と一戦を交えました。大谷家臣・湯浅五助と申す母衣《ほろ》の者を藤堂仁右衛門（高刑）が討ち取りました。そのほか敵を数多討ち取りました。藤堂玄蕃（良政）は討死にいたしました。そのほか御家中の者ども多く討死にいたしました。権現様（家康）の家臣である村越兵庫（光）殿もここで討死になさいました。（後略）

家臣の藤堂良勝《とうどうよしかつ》が朝駆けをおこない、諸軍の中で一番首を挙げたとあることから、ある程度、高虎は前線にいたことがわかる。高虎が大谷吉継と戦ったとあることから、吉継の布陣地が重要な手がかりとなろう。

大谷吉継の布陣地について、『関ヶ原御合戦双紙』杤山家本は「刑部少（吉継）、備前中納言（秀家）、平塚因幡（為広）、戸田武蔵（勝成）は石わら峠（石原峠）に陣を構えた。ここを引下し藤古川を越え、関ヶ原より北之野へ軍勢を推し出し、西北の山を後ろにあて、段々に辰巳（東南）へ向かって足軽を出した」と記し、大和文華館本では「大谷刑部少、備前中納言、平塚因幡、戸田武蔵、其子内記は石王之峠（石王峠）に陣を構えた。ここを引下し谷川を越え、関ヶ原より北野へ軍勢を推し出し、西北の山手を後ろにあて、辰巳へ向かって軽卒を出した」となっている。蓬左文庫本は大和文華館本と同一の内容である。吉継の最初の布陣地を石原峠とするか石王峠とするかの違いはあるが、いずれも開戦前に「北之野（北野）」へ移ったとする点は一致している。

『濃州《のうしゅう》関ヶ原合戦之聞書《せきがはらかっせんのききがき》』に「大瀬木（大関）村の北の野」とあることから、「北之野」は大関の区域に属していたことがわかる。よって、藤堂高虎は大関で大谷吉継と戦ったといえる。

福島正則は、『関ヶ原御合戦双紙』に「御先陣福島侍従、道すじを西向にかかられ候」とあるので、東山道を進んだことがわかる。そして［史料6］に「宇喜多中納言殿の先陣である敵とは、五六十間離れていたであろうか」とあることから、宇喜多秀家の前備と約百mの距離に位置していたといえる。

『関ヶ原御合戦双紙』の記述から、宇喜多秀家も大谷吉継と同様に大関に布陣していたことがわかる。そして［史料6］の「山の尾先にいた兵の半分ほどが（山の）上に引き揚げた」とする宇喜多兵の動きから、宇喜多隊が山に布陣していたことがわかる。『関ヶ原御合戦双紙』の「西北の山を後ろにあて」とする記述や、天満山《てんまやま》から鉄鏃《てつぞく》が出土していることから、通説どおり秀家は天満山に布陣したといえる。そして、福島正則は東山道に沿って天満山から約百m離れた所に布陣したといえる。

井伊直政は、九月十七日付け彦坂元正《ひこさかもとまさ》・石川康通《いしかわやすみち》連署状に「この地の衆、井兵少（直政）また福島（正則）殿が先陣となり、そのほかの者も悉《ことごと》く続いた」とあることから、先陣を担える位置に在ったといえる（『堀家文書』）。

また『関原始《せきがはらし》末記《まつき》』は「下野（忠吉）殿、井伊兵部少輔（直政）は一つとなって宇喜多、島津勢と戦い、下野殿は深入りして功名を立て、疵《きず》を蒙った。敵は堪《こら》えかねて伊勢路の方へ引退いたのを兵部少輔が追いかけたところ、島津兵が取って返して応戦した。この時、兵部は鉄炮に当たり疵を蒙る」と、松平忠吉と井伊直政は宇喜多隊、島津勢と戦ったとしている。

『寛永伝』小幡景憲《おばたかげのり》の項には「（井伊）直政二千の兵をもって宇喜多（秀家）八千の兵を破る」とあり、小幡景憲は井伊直政隊に属していたことから、直政が宇喜多隊と戦ったことは確かであろう。

また、島津《しまづ》惟新《いしん》に従って本戦に参加した帖佐《ちょうさ》宗光《むねみつ》の覚書には次のように記されている。

［史料8］

（前略）十四日の夜中に（西軍は）関ヶ原へ退いて、陣取りをなさいました。大垣では、切った火縄に火を付けて竹に挟んだものを数多立てて、多人数に見える策略をなさいました。こうしているところに家康卿は十四日の昼に大垣（赤坂）に到着され、十五日の未明に石田の軍を破るために一戦に及びました。石田殿の一番備《ぞなえ》である島左近（清興）殿は戦上手であるため、混戦の中を戦いました。左近殿が優勢となったところ、石田の味方である筑前中納言（秀秋）殿が反旗を翻し、家康公に味方して島左近を後方から弓・鉄炮で攻め立てたため、防戦及ばず島左近は即時に敗軍したので、石田隊は皆、陣を破られて敗北しました。午の刻のことでしたでしょうか、こちら（惟新）の陣を敵が四方から取り囲んで、激しく攻めてきました。味方の軍兵はこれが最後と防戦しましたが、こちらは無勢のため、絶体絶命となりました。（惟新の）旗本は五六十ほどもいたでしょうか、一所に集まって一合戦に及ぶ時を待っていたところ、敵の大将・井伊侍従（直政）殿と見て、（中略）川上四郎兵衛（忠兄）殿の家来・柏木源藤が進み出て鉄炮を放ち、大将（直政）の胸板《むないた》から総角《あげまき》にかけて撃ち抜いたので、（直政は）馬から落ちました。敵の軍兵は大将が撃たれたことに慌てふためきました。殿様（惟

新）はそれを御覧になって、「時分は今ぞ、早く切り崩して通れ」と下知なされ、大勢の真中を突っ切って（後略）

傍線部より、島津勢が井伊直政と戦ったのは敵中突破をおこなう直前であったと思われる。松平忠吉と直政は、初めは宇喜多秀家と戦い、宇喜多隊が壊滅した後に島津勢に向かったのであろう。

井伊直政の御附人《おつけびと》（与力）である三浦安久《みうらやすひさ》の子孫（三浦安相）が宝暦《ほうれき》八年（一七五八）に記した覚書によると、徒歩で戦っていた本多忠勝に対して三浦安久が自身の馬の提供を申し出たのを切っ掛けとして両者は懇意となり、互いに戦陣働きの証人となったという。後年（慶長十一年）に忠勝と安久が本戦での様子について語り合ったことが、忠勝が安久に宛てた書状から確認できることから、事実とみていいだろう（『東京大学史料編纂所所蔵文書』）。このことから、忠勝と井伊直政の隊は同じ場所で戦っていたことがわかる。

本多忠勝の陣に加わっていた桑山一直《くわやまかずなお》は、大谷吉継の鉄炮頭を討ち取り、家康に披露したという（『寛永伝』）。忠勝が大関で戦っていた証左となり、また大谷吉継の隊を攻撃できる位置にもあったといえる。そして『寛永伝』本多忠勝の項によると、忠勝は島津勢の鉄炮で名馬・三国黒《みくにぐろ》を失ったとあるので、井伊隊と同じように大関の西軍を破った後に島津勢に向かったと考えられる。

以上のことから「筆者作成図」では、松平忠吉と井伊直政を東山道の北に置き、本多忠勝を東山道と直政の近くに配置した。また『寛永伝』によると寺沢広高《てらざわひろたか》は大谷吉継と戦っているため、「日本戦史の図」と同じ位置に措定した。

五　西軍諸将の布陣①

次は西軍諸将の布陣をみていきたい。本戦後の九月二十三日付けで毛利秀元《もうりひでもと》が家臣・桂元延《かつらもとのぶ》へ宛てた感状において、南宮山《なんぐうさん》からの退却戦における活躍を賞していることから、通説どおり秀元らは本戦当日も南宮山一帯に布陣していたといえる（『長府桂家文書』）。

南宮山の東方、四〇四mの峰にある史跡・毛利秀元陣跡（垂井町宮代、上石津町）には陣城《じんしろ》の遺構が確認されている（岐教：二〇〇二）。秀元が毛利輝元《もうりてるもと》の養子であることから、陣城には秀元が入ったと考え、「筆者作成図」に反映させている。また、第二章で述べたように長宗我部盛親《ちょうそかべもりちか》の布陣地は栗原山《くりはらやま》である可能性が高い。吉川広家《きっかわひろいえ》、安国寺恵瓊《あんこくじえけい》、長束正家《なつかまさいえ》

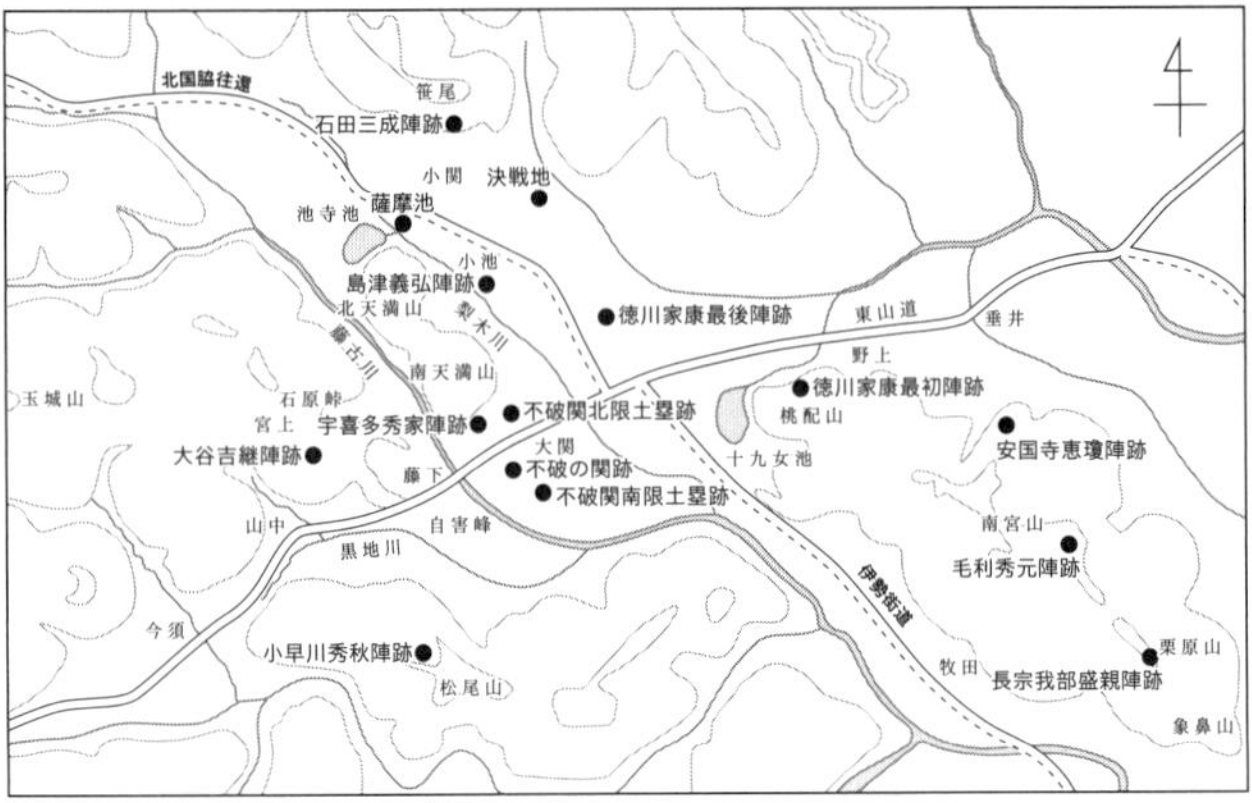

図７　史跡 MAP

については、南宮山一帯に布陣したことはわかるものの、具体的な布陣地の比定が難しいため、「筆者作成図」には配置していない。

六　西軍諸将の布陣②

「中期布陣図」には、藤古《ふじこ》川《がわ》（関の藤川）の西にある山の上に四つの陣が描かれたものが多く存在する。四つの陣は、池田家文庫所蔵『関ケ《せきが》原合戦之《はらかっせんの》図《ず》』（寛延《かんえん》二年〈一七四九〉成立）に「この四営は戸田（勝成）、平塚（為広）、大谷（吉継）、備前中納言（宇喜多秀家）、四手の小屋」と書かれていることから、大谷吉継らが美濃国に入った時に敷いた最初の陣地として描かれたことがわかる。

この中に宇喜多秀家の名もみえるが、第二章で述べたように、秀家は大垣城から関ヶ原へ移動しているため誤りである。おそらく『関ヶ原御合戦双紙』にある記述「刑部少、備前中納言、平塚因幡、戸田武蔵は石わら峠に陣を構えた。ここを引下し藤古川を越え、関ヶ原より北之野へ軍勢を推し出し」を受けてのことであろう。

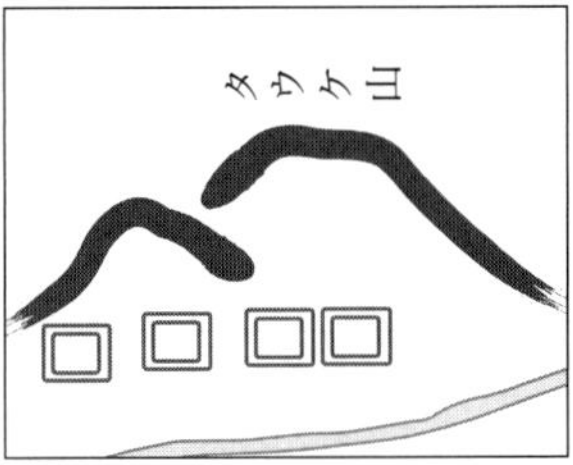

図８「中期布陣図」に描かれた四つの陣
（『高山公実録』収載の布陣図より作図）

前述のとおり、吉継・為広・勝成の最初の布陣地については、『関ヶ原御合戦双紙』の諸本で分かれており、杤山家本は石原峠、大和文華館本と蓬左文庫本は石王峠（藤下）とする。「中期布陣図」の記述では、池田家文庫所蔵『濃州《のうしゅう》関ヶ《せきが》原《はら》御《ご》合戦図《かっせんず》』は「治部少勢、山中峠に隠置《かくしおく》所の柵」と、山中峠（石原峠）とする。長浜城歴史博物館蔵「関ヶ《せきが》原《はら》御《ご》陣図《じんず》」（文《ぶん》化《か》四年〈一八〇七〉成立）では、陣が描かれた山（名称の記載なし）が山中の区域に属している。

一方、『高山公実録』収載の布陣図は「タウケ山」、大垣市立図書館蔵『関ヶ《せきが》原《はら》御《ご》合戦図《かっせんず》』は「峠山」とする。これは、岐阜県図書館蔵『濃州《のうしゅう》関ヶ《せきが》原《はら》合戦之《かっせんの》図《ず》』に「藤下山」という山が描かれていることから、藤下を指しているといえよう。この事例から、「峠（タウケ）」の上に名称が記されることなく、「峠」のみ記される場合は藤下を指すといえる。よって［史料6］の「たうけ」も藤下を指す。

このように、吉継らの最初の布陣地については、石原峠と石王峠を示す史料がそれぞれ存在する。吉継の布陣地については、第二章で述べたように、史跡・大谷吉継陣跡（関ケ原町山中）から塹壕状の横堀《よこぼり》が確認されていることから、史跡の場所が吉継の最初の布陣地と思われる。しかし、平塚為広（美濃垂井城主）や戸田勝成（越前安居城主）、脇坂安治（淡路洲本城主）らについては不明である。現段階では、山中・藤下一帯としたい。

前述のとおり、開戦前に吉継は大関に移動している。『寛永伝』平岡頼勝《ひらおかよりかつ》（小早川秀秋の老臣）の項に「秀秋は関ヶ原の南の丸山（松尾山ヵ）辺に陣をとる。敵兵大谷刑部少輔は丸山の麓に陣をとる」と記されている点も、高所にある史跡・大谷吉継陣跡から吉継が移動したことを裏付けている。

神戸久五郎の覚書は「九月十五日の日出に東国衆は幟を立てて、岡山から関ヶ原へ参りました。まず一番に大谷刑部殿の陣に攻撃を仕掛けました」と、東軍は最初に吉継の陣を攻撃したとする。

彦坂元正・石川康通連署状に「この地の衆、井兵少また福島殿が先陣となり」とあるように、先陣は井伊直政と福島正則で、宇喜多隊との衝突が最初の攻撃である可能性が高い。しかし、神戸久五郎が最初に攻撃を受けたのは吉継であると認識したことは、吉継が最初に攻撃を受ける可能性のある位置に在ったことを意味している。また［史料7］からは、藤堂高虎が真っ先に吉継を攻撃したことがわかる。これらは、吉継が大関に布陣したことを裏付けている。

不破関北限土塁跡（撮影／筆者）

では何故、吉継は藤古川を前にして布陣せずに、藤古川を越えたのであろうか。二点の理由が考えられる。一点目は、石田三成ら北国脇往還を塞ぐ隊は藤古川より東に布陣しているため、吉継が藤古川より西に布陣した場合、両者は分断されて連携が困難となり、東軍は戦力を北国脇往還に集中させて先に三成らを叩く戦略も可能となる。

二点目は、不破《ふわ》の関跡《せきあと》が防御に利用できた点である。当時、不破の関の遺構がどれだけ残っていたかは不明であるが、北限土塁《ほくげんどるい》は現在でも遺構を確認でき、明治二十五年（一八九二）成立の『関ヶ原合戦図志《せきがはらかっせんずし》』にも「今なお、その石垣を遺存し、その近傍において、往々にして古瓦を掘り出す」とあることから、当時は少なからず遺構が残っていたと推測できる。また『関ヶ原御合戦双紙（蓬左文庫本）』では「不破の関屋」の記述も確認できることから、土木のみならず、建築の遺構も残っていた可能性がある。

七　西軍諸将の布陣③

宇喜多秀家は、前述のとおり天満山に布陣している。家康の意向を受けた戸川達安が八月十八日付けで秀家の老臣・明石全登《あかしてるずみ》に宛てて「そちらに貴殿（全登）が御一人で布陣されているとのこと承りました。いかなる次第か承りたいです。秀家は何処に御在陣でしょうか。貴殿の御傍にいないことを不審に思います」と投げかけており、それに対して明石全登が同月十九日付けの返書で「拙子（全登）は伊勢方面の仕置を命じられて、十日以前からこの地に来ております。秀家は伏見落城の後は大坂におりました。この頃は草津（滋賀県草津市）へ進出して在陣しております」という遣《や》り取りがあることから、全登が別動隊を編成していることがわかる（『水原岩太郎氏所蔵文書』）。「筆者作成図」では、全登を宇喜多隊の前衛として配置した。

小早川秀秋の布陣地については、『関原始末記』と『慶長軍記』は「松尾山の下」としている。しかし、松尾山には山城が築かれており、『寛永伝』稲葉《いなば》正成《まさなり》（秀秋の老臣）の項に「松尾山の新城に入て」、平岡頼勝の項に「秀秋、三成と約をなして美濃国松尾の城にたてこもる」とあるほか、神戸久五郎の覚書に「上の山より筑前中納言（秀秋）は白旗を挿させた軍勢を率いて参戦し」とあるように、山城を活用していたと考えられる。

脇坂安治と小川祐忠については、［史料7］に藤堂高虎隊の向かう先に居たとあることから大関に布陣したと考えられる。両名については、「前期布陣図」では藤下、「中期布陣図」では山中（「中期布陣図」では「藤下」は表記されていない）に布陣している。『関原始末記』と『慶長軍記』では小早川秀秋と共に「松尾山の下」に布陣したとあり、『関原軍記大成』では大谷吉継らとともに「松尾山の麓」に布陣したとされている。「日本戦史の図」も脇坂安治、朽木《くつき》元綱《もとつな》、小川祐忠、赤座《あかざ》直保《なおやす》

松尾山から関ヶ原を眺望（撮影／筆者）

を藤下に配置しているように、脇坂らは藤下に布陣したとするのが通説である。脇坂らが藤古川西岸の藤下に布陣したとしても、幟《のぼり》は大関の藤堂隊から認識できたと思われるので［史料7］の記述とも矛盾はない。

しかし、神戸久五郎の覚書に「上の山から筑前中納言は白旗を挿させた軍勢を率いて参戦し、大谷殿の兵を一人も残らず討ち取った」とある。

また『寛永伝』稲葉正成の項に「十五日関ヶ原合戦の節、秀秋は大権現（家康）と共に謀って大谷の陣を攻めた」、平岡頼勝の項に「秀秋の先陣である頼勝らは騎兵を率いて大権現の陣へ向かう真似をして、大谷氏の陣に向かって合戦をとげ」、村上吉正《むらかみよしまさ》（秀秋の鉄炮頭）の項に「秀秋の先陣の軍兵は大谷刑部少輔吉継の陣に攻め掛かって」とあるように、寝返った秀秋が最初に攻撃したのは、大谷吉継であった。

脇坂らが藤下に布陣した場合、松尾山を下った小早川隊が大谷隊を衝く進路を脇坂らが遮ることになる。脇坂らが秀秋と足並みを揃えているのであれば問題はないが、脇坂氏は山岡道阿弥《やまおかどうあみ》（景友）を頼って独自のルートで家康に対する忠節を申し出ている（『脇坂家文書』）。［史料7］にも「中務（安治）と土佐（祐忠）は、和泉（高虎）様の調略で寝返りました」とあり、結果的に連続して寝返る形となったが、内応の交渉は別々におこなわれていたと考えていいだろう。

脇坂らが藤下に布陣した場合、小早川隊が大谷隊に辿り着く前に脇坂隊と同士《どうし》討《う》ちを起こす可能性は大いにあり、少なくとも進路の妨げになる。よって、脇坂らも本戦前に大谷吉継とともに大関に進出したと推測し、「筆者作成図」では［史料7］を踏まえて脇坂安治と小川祐忠を大関に置き、同じく［史料7］に名が挙がっている平塚為広も大関に進出したと考え、大谷吉継を補佐する形で置いている。

また『関ヶ原御合戦双紙』に基づけば、戸田勝成も平塚為広と同様であったと考えられる。大名クラスでは、大谷吉継、平塚為広、戸田勝成のみが戦場から離脱せずに戦死したことを踏まえると、彼らは離脱不能な状況に置かれたといえよう。要因として、小早川秀秋の寝返りと藤下への進出、藤下からの背面攻撃によって大谷らは東西から挟撃される形となったと考えられる。春日社家の東地井《とちい》祐範《すけのり》の日次記『中臣祐範記《なかとみすけのりき》』慶長五年九月十五日条の「羽柴金吾（秀秋）殿が寝返り、後ろから一万五千余の軍勢で攻め掛かりましたので、（西軍は）どうしようもなく敗北しました」とする記述は、その状況をよく表している。

八　西軍諸将の布陣④

石田三成、島津惟新、小西行長については、『関ヶ原御合戦双紙』杤山家本は「敵である治部少（三成）、島津（惟新）、小西（行長）、鍋島は、（東軍の）旗の先端を見ると、藤古川を越え、小関村の南に辰巳（南東）へ向かって兵を備えた」と記す。

大和文華館本では、誤記である「鍋島」が削られている。蓬左文庫本では加筆があって「敵である治部少、小西摂津守、島津兵庫頭は、（東軍の）旗の先端を見ると、藤古川を越え、不破の関屋から北野の原、小関村を出て南に辰巳へ向かって兵を備えた」となるが、石田三成、島津惟新、小西行長が小関の南に南東を向いて布陣したとする大意は同じである。なお『関ヶ原御合戦双紙』では、三成ら三名が山中方面から関ヶ原へ進出したと思わせる記述となっているが、第二章で述べたように、三名は大垣から関ヶ原へ移動しているため誤りである。

石田三成、島津惟新、小西行長は北国脇往還を塞ぐ役割を担い、小関の周辺に布陣した。しかし、小西行長については、それ以上わからない。なお、江戸時代後期、薩摩《さつま》藩の記録奉行であった伊地知季安が編纂した『新納《にいろ》忠元勲功記《ただもとくんこうき》』には、「備前中納言秀家、小西行長ら小高き岡に相備」とする記述がみられる。しかし同史料は、『神戸久五郎覚書』など島津家臣の覚書の記述を基に構成したと考えられるものの、該当の記述は島津家臣の覚書にはみられず、情報源が不明であるため、本書では参考資料から外している。

石田三成の布陣地は、『関原始末記』に「小関の宿の北の山際《やまぎわ》に陣を取る、石田の家老・島左近が先陣なり」とあり、『武家事紀』には「小関村の北山の尾に陣を張る」とある。これらは、黒田長政らが伊吹山に続く山際に攻め込んだとする『細川忠興軍功記』の記述と一致する。

また、島津惟新が後年に「引き退かんと欲するも、老武者のため、伊吹山の大山を越え難し」と記している点からも、三成や惟新が伊吹山方面を退路とする場所に布陣したことが裏付けられる（『惟新公御自記』）。小関の北山の尾（北の山際）は、『関原合戦図志』が「笹尾は小関の内、北山の尾の少し高き所にありて」と示すように笹尾と考えていいだろう。笹尾から約四百mの距離にある史跡・決戦地（関ケ原町関ケ原）の付近から刀の小柄《こづか》が出土している点は、その傍証となる。

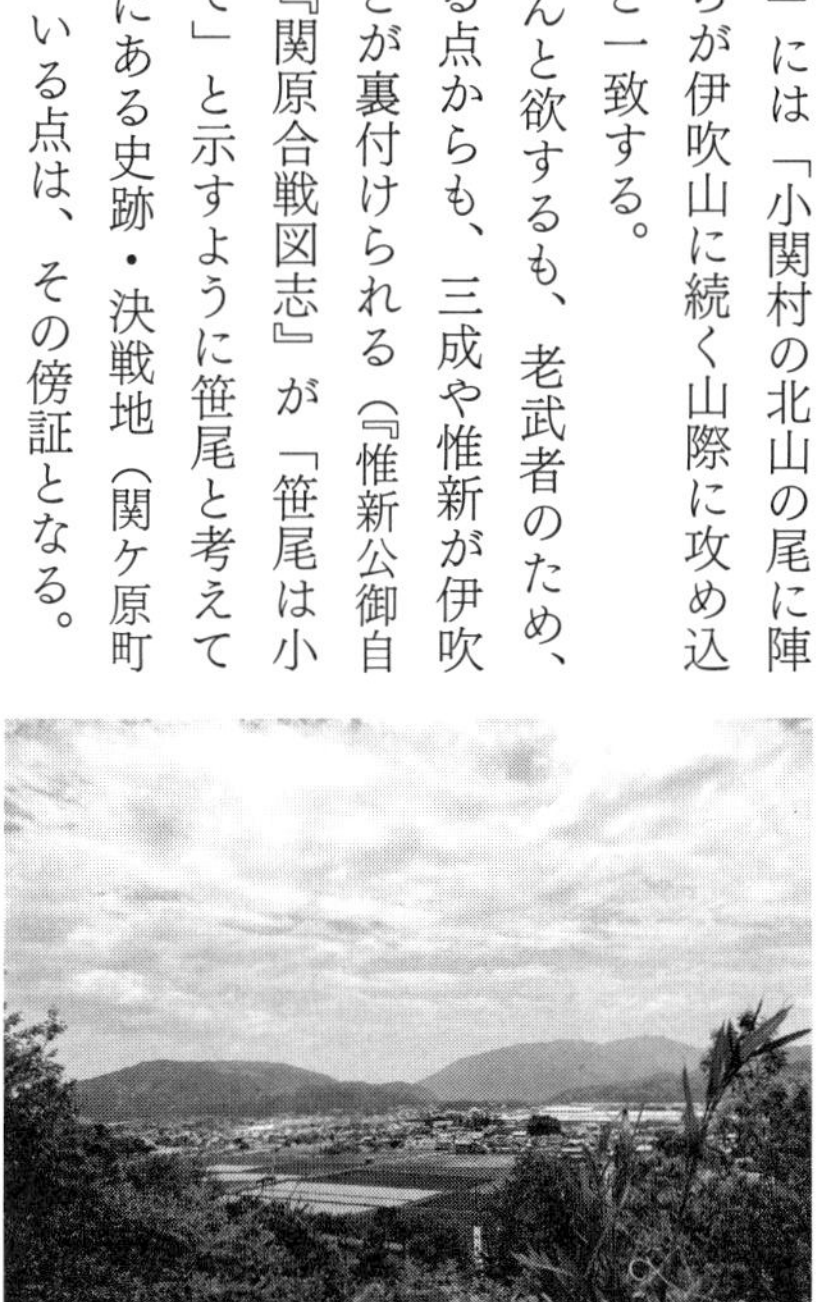

笹尾山から関ヶ原を眺望（撮影／筆者）

また、島清興が石田隊の一番備であったことは『関原始末記』だけではなく、[史料8]にも記されており、石田隊の前衛として島清興が布陣していたことがわかる。

なお、『戸田左門覚書《とださもんおぼえがき》』の記述「治部少（三成）本陣は松尾山の下、自害か岡という所に陣す」を根拠に、三成は藤下の自害峰《じがいみね》に布陣したとする説がある（高橋：二〇一七）。

しかし、家康は九月二十二日付けで池田輝政・浅野幸長に宛てた書状において「江州北郡越前塚で石田治部少輔を生け捕りにしたとのこと、田中兵部太輔（吉政）の所から、只《ただ》今《いま》報せが来ました」と記しており（『因幡志』）、『関ヶ原御合戦双紙』には「治部少は、草野谷の奥険しい巌窟の中に（中略）人を忍ぶ風情で隠れておりました」とある。

また、三成を捕縛した田中伝左衛門（田中吉政の家臣）の子孫である田中勘助は、嘉永《かえい》七年（一八五四）に古橋《ふるはし》村（長浜市木之本町）を訪れた際、家伝に伝左衛門が古橋村名主・次左衛門宅の縁の下に居る三成を生け捕ったとあると述べたという（『石田三成生捕覚書』）。

三成が捕縛された場所については諸説あるが、いずれも現在の長浜市域という点では一致している。よって、三成が本戦で自害峰に布陣したと仮定した場合、長浜市域へ逃れた点に疑問が生じる。藤下から北国脇往還へ入るには島津勢のように敵中突破をしなくてはならず、東山道から逃れたのであれば佐和山や大坂へ向かわなかった理由が不明である。

また『戸田左門覚書』は、本戦前に三成は南宮山に布陣する小西行長に使者を遣わして、関ヶ原へ移動させせたと記すが、第二章で述べたように、行長は大垣城から関ヶ原へ移動しているため誤りである。さらに会津征討の件《くだり》では、家康が小山《おやま》（栃木県小山市）に到着した二日後に宇都宮へ入ったところ、福島正則らが小山へ入り、会津征討の後詰《ごづめ》を務めたいと家康に申し出たが、家康は指示もなく東下してきたことに激怒し、早々に上方へ上るように命じたとする。家康が宇都宮へ入ったとする点と、福島正則らが指示もなく東下したとする点は、本当に戸田氏鉄《とだうじかね》による記述か疑問に思うほど、史実と著しく乖離している。『戸田左門覚書』にのみ記されており、他の史料から確認のとれない内容は無視すべきだろう。よって、石田三成の自害峰布陣説は否定される。

島津惟新については、神戸久五郎の覚書に「こちらの陣の前は備前中納言（秀家）殿、東は石田殿が担った陣場であった。こちらは二番備《ぞなえ》でした」、「備前中納言の陣へは、別の大将が攻め掛かり、一戦となりましたが、前に岡があったため、こちらの陣からは見えませんでした」とあり、惟新の陣は石田隊の西側、宇喜多隊から岡を挟んで後方に在ったことがわかる。

また、惟新に従っていた大重平六の覚書には「備前中納言殿の陣と惟新様の陣との間に池が有り」とある。宇喜多秀家と惟新の陣の間にある「池」とは池寺《いけでら》池《いけ》、「岡」は天満山と考えていいだろう。さらに島津家中の某覚書に「この陣と池との間を（宇喜多隊の敗走兵が）逃げてゆきました」とあるため、惟新は池寺池との間に北国脇往還を挟むように布陣していたと思われる。惟新は北国脇往還の北側、池寺池の近くに南東を向いて布陣した。その直線上には天満山があり、惟新の陣の東には石田隊がいる。

『大重平六覚書』には「合戦の割り当ては一番鑓《やり》石田殿、二番中書（豊久）様、三番備前中納言（秀家）殿、その次が惟新様でした。そのほか大名衆方々も陣取なさいました」とあり、島津《しまづ》豊久《とよひさ》が惟新とは別に部隊を編制して布陣していたことがわかる。

島津家臣・山田《やまだ》有栄《ありなが》の覚書『山田《やまだ》晏斎覚書《あんさいおぼえがき》』に「浜之《はまの》市《いち》衆は中務（豊久）様の隊に付くようにと指示があり、中務様の備に参じた」とあるように、豊久の隊には山田有栄が付属された。

また、山田有栄に従って戦った黒木左近兵衛の証言に「こちらの備は二備でした。中書

池寺池（撮影／筆者）

（豊久）様は先備でした。右備に山田民部（有栄）殿が御座いました」とあることから、島津豊久隊は豊久の備と山田有栄の備で構成されていたといえる。

島津豊久の布陣地について、『山田晏斎覚書』は「夜明け前に関ヶ原に御着になられました。布陣地について御考えになっていたところに、石田殿の備は陣を構えて隊を配置していました。その右へ一町半ほど間を空けて、こちらの軍は夜明けに布陣なさいました。中務（豊久）様の備です」と、三成の陣所から右へ一町半（約百六十四m）の所に豊久は布陣したとする。無論、一町半という距離は山田有栄の感覚であって正確な距離ではないだろう。

また、豊久が石田隊の右に布陣したとするが、頭を揃えて布陣したかというと、少し西に下がった状態にあったと思われる。史跡・島津義弘陣跡（関ケ原町関ケ原）からは鉄炮の鉛玉《なまりだま》が出土しており、付近で戦闘があったことを窺わせる。しかし、『大重平六覚書』に「石田殿は一時も持ち堪えられずに、中書（豊久）様の陣所へ崩れかけたが、中書様は少し持ち堪えなされた」と、石田隊の敗走兵が豊久の陣へ向かったとあるため、豊久は石田隊と頭を揃えて布陣したのではなく、石田隊前衛（島清興）より少し後方に位置したと考えられる。

また『山田晏斎覚書』は、石田家臣・八十島助左衛門《やそじますけざえもん》が豊久に後続の助勢を頼みに来た逸話を記している。八十島が馬上で使命を伝えたことを島津家臣に咎められて引き返し、その後、三成自身が助勢を頼みに訪れるが、このことは、石田隊前衛が激戦の最中にあっても、豊久の陣は三成本人が移動可能なくらい敵に迫られてはいなかったことを物語っている。

『日本戦史』は、島津豊久は両軍が戦闘の最中にありながらも泰然として動こうとせず、敵兵がくるのを待っていたとする。豊久が敵を待ち構える姿勢であったことは、『山田晏斎覚書』に「敵勢が攻め込んでくる前、こちらの御下知は、とにかく敵を間近に寄せ付けてから一戦するようにと、鉄炮を撃たせませんでした」とあり、『黒木左近兵衛申分』にも「猛勢が攻め寄せたのを間近に寄せ付け、一戦するようにと、鉄炮を撃たせませんでした」とあることから裏付けられる。このことは、豊久が積極的に打って出なければ敵の猛攻を直接受けることのない位置にあったことを物語っている。

『関原始末記』には「島津兵庫（惟新）、同又《ママ》八郎は、石田の後ろに陣をとる」とあるが、後方とまではいかなくても、豊久は石田隊前衛より少し西に布陣したといえよう。史跡・島津義弘陣跡より少し西、現在の薩摩池（関ケ原町関ケ原）の辺りに豊久の陣があったと思われる。

なお『山田晏斎覚書』には、「亀井武蔵（茲矩）」は本戦で西軍として参戦していたが、東軍に内応した旨を示す記述がある。しかし、『寛永伝』亀井《かめい》茲矩《これのり》の項では、茲矩は会津征討に従軍し、本戦まで家康に従っている。

『寛永伝』の編纂は、徳川家光《とくがわいえみつ》の命によって開始された公式な事業である。その中核的内容が徳川家（特に家康）への忠節に関する記事であったとはいえ、虚偽の記載は許されないであろう。例えば、脇坂氏は安治と安元が本戦で家康に「御味方」したと記し、朽木氏は本戦について一切記していない。

このように、西軍に味方したことを伏せる傾向にあったが、虚偽は記していない。こうした中、亀井氏が虚偽を記載し、終始東軍に味方したと主張することが許されるとは思えない。茲矩が会津征討に従軍したことは『関ヶ原御合戦双紙』からも確認でき、『寛永伝』山名《やまな》禅高《ぜんこう》（豊国）の項にも「慶長五年、関原陣のとき、上杉紹常、亀井武蔵守、八木庄左衛門、太田垣監物とともに供奉《ぐぶ》す」とあることから、亀井茲矩は終始東軍であり、『山田晏斎覚書』の記述は誤認と考えられる。

九　「日本戦史の図」の再評価

本章では、当事者の覚書など、比較的信憑性の高い史料を基に布陣図の作成を試みた。「筆者作成図」と「日本戦史の図」を比較しても、極端な違いはみられない。

江戸時代の布陣図が大谷吉継、平塚為広、戸田勝成を大関に配置しているのに対して、「日本戦史の図」は山中に配置しているが、『日本戦史』は開戦後に吉継が藤古川を越えたとしているため、最終的には大関に布陣したとする立場である。

『日本戦史』の文書補伝には、史料が一三六点収載されている。また、編纂委員の竹内《たけうち》正《せい》策《さく》と横井《よこい》忠直《ただなお》は、『関原合戦図志』を著した神谷《かみや》道一《みちかず》と交流があり、『関原合戦図志』の稿本を校閲しているように、多くの史料や、調査・研究に基づいて『日本戦史』は編纂されている。「日本戦史の図」が歴史的根拠のない布陣図とする評価は改める必要があるだろう。

第五章

「玉城は豊臣秀頼を迎えるための本陣」とする説の検討

一　玉城

千田《せんだ》嘉博《よしひろ》氏は、北天満山《きたてんまやま》から西に約二㎞の城山にある玉城《たまじょう》跡（関ケ原町玉）は、西軍が豊臣秀頼を迎える本陣として築いた陣城であるとする説を提唱した（千田：二〇二二）〈以下、千田説と表記〉。千田説はテレビに取り上げられて話題を呼んだため、御存じの方も多いだろう。

千田氏は「西軍はあらかじめ関ヶ原を主戦場と決め、そこに家康らを誘い込んだのではないか」、「西軍総帥の毛利輝元が秀頼を推戴して玉城に着陣するというのが、三成や吉継、秀家たちが描いた戦略だった」と述べているように、千田説によるならば、西軍はあらかじめ関ヶ原を主戦場と決め、そこに東軍を誘い込んだこととなるため、西軍の関ヶ原転進のイメージは一変する。

しかし、結論から述べれば、千田説は成り立たない。まず、西軍に豊臣秀頼を戦場に迎える計画は無かった点が挙げられる。千田氏は「これまで文字史料の上で、三成や吉継たちが秀頼出陣を求めたことは知られていても、それは実現しなかったことだからと、重要性を見落としてきたのではないでしょうか」と、三成らが秀頼の出陣を求めたことは、史料によって裏付けされているかのように述べているが、そのようなことはない。

西軍の首脳部から諸大名へ宛てられた書状はいくつか伝存しているが、秀頼への奉公は訴えていても、秀頼の出陣に関しては全く言及していない。仮に秀頼を戦場に迎える計画があったならば、実現性が低かったとしても、多数派工作のために、秀頼の出陣を方々に喧伝していたであろう。そうしなかったのは、秀頼の出陣という発想そのものが無かったことを物語っている。

また、上杉家臣・来次《きすぎ》氏秀《うじひで》は六月十日付けの書状で、勝右衛門という上杉景勝に仕える船頭が大坂から下国して語った情報として、家康が会津征討に際して、秀頼を伴って会津へ下向しようとしたところ、秀頼の馬廻《うままわり》衆一同が断固として反対し、約六万人いる馬廻衆の支持を失った家康は、

玉城山（撮影／筆者）

軍隊の編制に苦労しているという話を記している（『杉山悦郎氏所蔵文書』）。

三奉行が味方し、秀頼を推戴した西軍にとって正当性は十分であり、むしろ八歳の主君を戦場へ送り出す計画を立てる方が、周囲からの支持を失う危険があったのである。

二　着工時期の問題

千田説には玉城の着工時期の問題もある。着工を岐阜城陥落（八月二十三日）の前とするか後とするかによって、西軍の作戦は全く異なるものとなる。千田氏は「吉継はそもそも玉城に入って、九月のかなり早い段階から玉城の工事を進め、秀頼の『御座所』を整えていた可能性があります。そして決戦直前に玉城を出て、史跡の墓所近くの大谷吉継陣の場所に進出した可能性が出てきます」と述べているように、着工を岐阜城陥落後としている。

千田氏が玉城を普請した人物を大谷吉継に求めたのは、松尾《まつお》山《やま》城（関ケ原町松尾）における伊藤盛正《いとうもりまさ》のように、普請《ふしん》や在番する者を美濃国の大名の中から見出すことができなかったためと思われる。東軍が岐阜城や赤坂《あかさか》（大垣市赤坂町）、垂井《たるい》（岐阜県垂井町）を制圧したのを受けての着工となるため、七月下旬には着工していた松尾山城と比べると、場当たり的な戦略といえる。また、関ヶ原合戦まで期間が十日程のため、大規模な普請が出来たか疑問となる。

一方、着工を岐阜城陥落前とした場合はどうであろうか。第一に普請を担当する者、城に在番する者が見出せない。また、第一章で述べたように岐阜城陥落前の三成の迎撃構想は、伊勢に展開している部隊と連携して尾張・美濃の国境で東軍と戦う作戦であった。伊勢・近江との境を押さえるために普請された松尾山城とは異なり、玉城は三成の作戦にそぐわない。このように、玉城の着工時期をいずれに仮定しても、疑問を払拭することはできないのである。

三　活躍の場が全く無い玉城

三つ目に問題となるのは、千田氏自身が「玉城の前面（引用者註：笹尾や天満山など）に布陣した軍勢と、菩提山城、松尾山城で囲んだ関ヶ原で敵に打撃を与える――家康は罠にはまったと、（引用者註：三成は）考えたように思います」と述べているように、関ヶ原が戦場となった場合でも、玉城に活躍の場が全く無い点である。

第四章で述べたように、関ヶ原合戦〈以下、本戦と表記〉は東軍による街道突破戦であった。松尾山城は、東山道《とうさんどう》（中山道）に面しているため、上方への進路を塞ぐことが可能である。ゆえに松尾山城には小早川秀秋《こばやかわひであき》が入っている。しかし、玉城は東山道と北国脇往還《ほっこくわきおうかん》のいずれも山を隔てて離れており、街道の防衛拠点として適していない（序章22頁・図1参照）。玉城は、本戦で活躍できる場所には無く、そこに西軍が陣城を築く理由は無いのである。

四　『関ヶ原合戦図屏風』に描かれた「もうひとつの大谷吉継陣」とは

四つ目の問題として千田氏は、行田市郷土博物館、関ケ原町歴史民俗学習館、彦根城博物館に所蔵されている『関ヶ原合戦図屏風《せきがはらかっせんずびょうぶ》』から、「この屏風の描写から見て、大谷吉継陣の西にある高い山にも、もうひとつの大谷吉継陣があったと意識して描いたのがわかります」と述べ、山に描かれた「もうひとつの大谷吉継陣」を玉城と主張している。

しかし、関ケ原町歴史民俗学習館蔵の屏風は狩野貞信《かのうさだのぶ》の作品を嘉永《かえい》七年（一八五四）に写したものであり、彦根博物館蔵の屏風も同じ祖本からの写本と考えられている。また、

図 9 『関ヶ原合戦図屏風』（関ケ原町歴史民俗学習館蔵）

図 10 『関ヶ原合戦図屏風』に描かれた二つの大谷吉継陣

行田市郷土博物館蔵の屏風も幕末頃の成立と考えられている（高橋：二〇二二）。

いずれも幕末の成立であり、（情報という面において）絵画史料としての価値は低い。千田氏が指摘する「もうひとつの大谷吉継陣」が、何らかの根拠に基づいて描かれたのであれば、軍記や絵図などの資料にそれが遺されていなくてはならない。

第四章で述べたとおり、大谷吉継らは美濃国に入った際に山中《やまなか》（関ケ原町山中）・藤下《とうげ》（関ケ原町藤下）一帯に布陣したが、開戦前に大関《おおせき》（関ケ原町松尾）へ移動している。

江戸時代中期に成立したと考えられる形式の布陣図〈以下「中期布陣図」と表記〉には、藤古川《ふじこがわ》（関の藤川）の西にある山の上に四つの陣が描かれている（第四章113頁・図8参照）。そして「この四営は戸田（勝成）、平塚（為広）、大谷（吉継）、備前中納言（宇喜多秀家）、四手の小屋」と書かれていることから、大谷吉継らが美濃国に入った時に敷いた最初の陣地として描かれたことがわかる。『関ヶ原合戦図屏風』の「もうひとつの大谷吉継陣」は、「中期布陣図」に描かれた四つの陣が基になったと考えられる。

長浜城歴史博物館蔵『関ヶ原御陣図《せきがはらごじんず》』（文化四年成立）には、「玉城山」が描かれているが、四つの陣が描かれているのは別の山である。四つの陣が描かれている山は、布陣図によって「山中峠」（石原峠）とするものと、「峠（藤下）山」（石王峠）とするものに分かれるが、玉城でないことは確かである。

「中期布陣図」に「玉城山」が描かれることは珍しいが、江戸時代前期に成立した形式の布陣図〈以下「前期布陣図」と表記〉は、「玉城山」を描く傾向にある。しかし、「玉城山」に布陣している人物はなく、「玉城山」は背景として描かれている。

なお、関ケ原町歴史民俗学習館蔵『御合戦御備絵図《ごかっせんおんそなえず》』は、昭和五十五年の写《うつし》ではあるが、「前期布陣図」の特徴を有している。そして「玉山城（玉城山）」の箇所に「天正年中浅井家出張跡」と、近江の戦国大名・浅井《あざい》氏が天正《てんしょう》年間に用いた城であると記されている。

模写原本が江戸時代前期に作成されたと考えられる布陣図において、玉城に本戦との関りが記されていないばかりか、天正年間に浅井氏が用いた城と説明が記されている点は、玉城に本戦との関係性が無いことを物語っていよう。

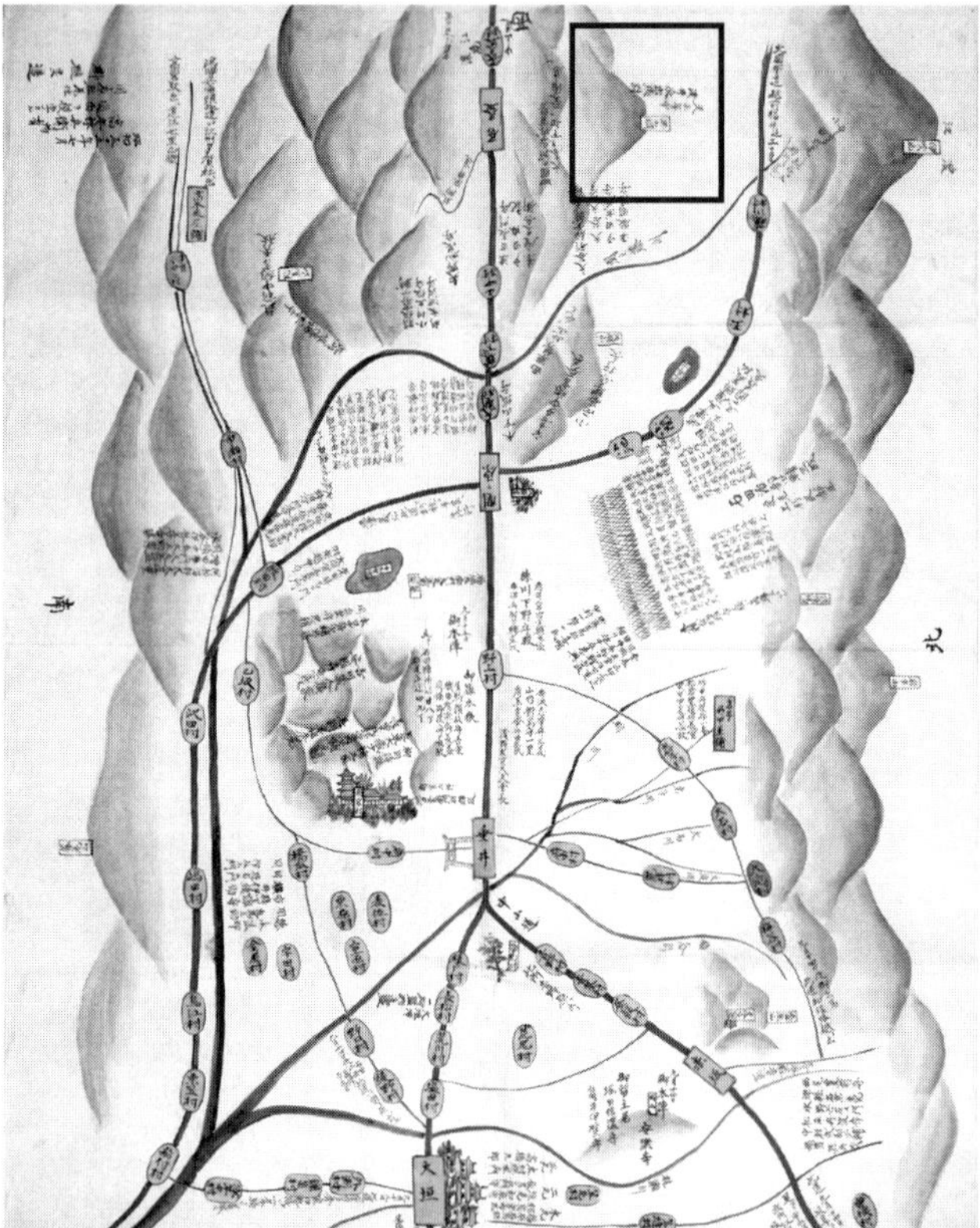

図 11 『御合戦御備絵図（昭和 55 年写本）』
（関ケ原町歴史民俗学習館蔵）

図 12 『御合戦御備絵図』に描かれた玉山城（玉城山）と「天正年中浅井家出張跡」の文字

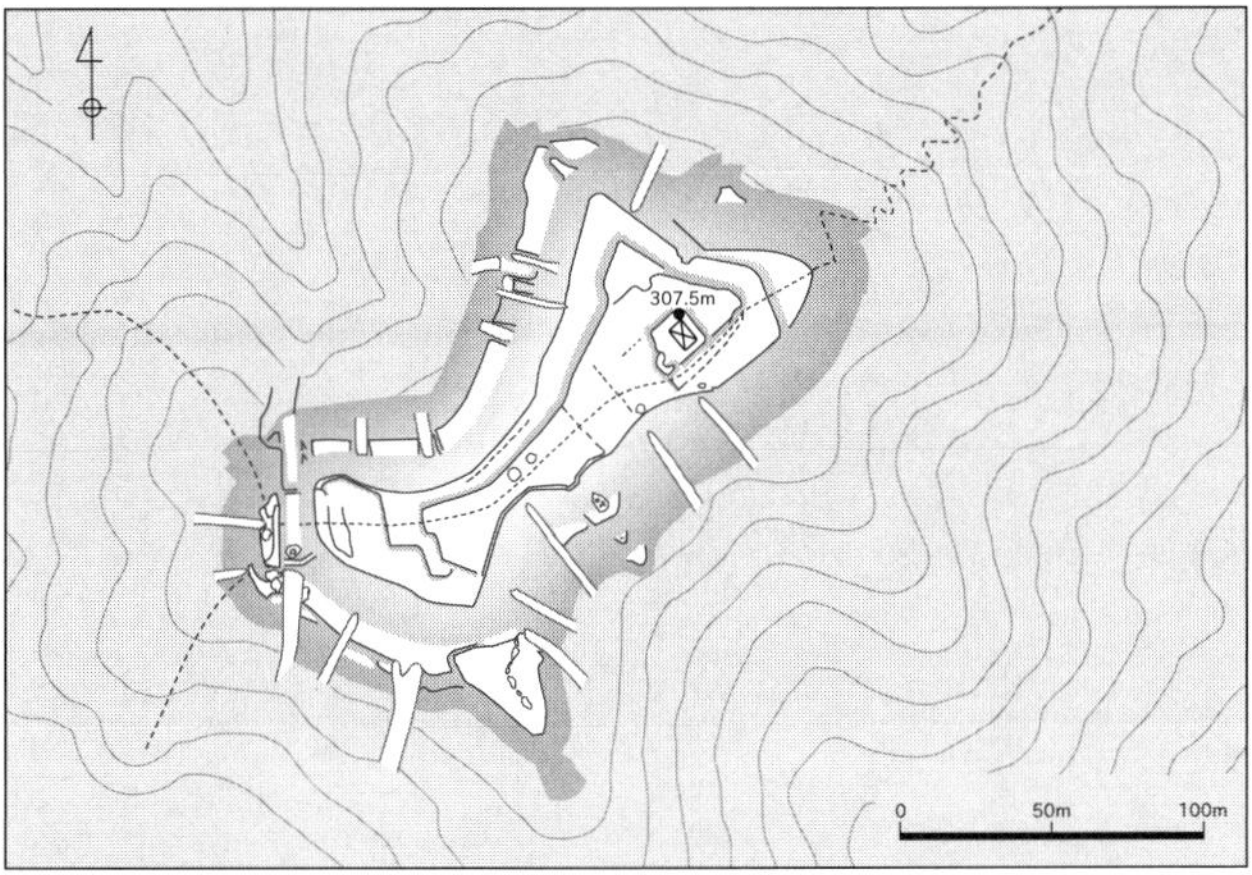

図 13　玉城の縄張図
岐阜県教育委員会『岐阜県中世城館跡総合調査報告書第 1 集』所収の略測図（作図／中井均）を参照して作図

五　玉城に関する伝承

玉城に関する記述のある史料は、僅かではあるが存在する。元文《げんぶん》三年（一七三八）成立の地誌『美濃明細記《みのめいさいき》』は「城主知らず」と記す。明治二十五年（一八九二）に郷土史家・神谷《かみや》道一《みちかず》が著した『関原合戦《せきがはらかっせん》図志《ずし》』は、「浅井長政、かつて砦を築きし所と云ふ」と記している。明治二十六年に梅田晋一が著した『美濃古城史《みのこじょうし》』は、玉城を「城主未詳」とした上で「大系図に云ふ。佐竹常陸介義春および、その子義恕の居りしと云ふ」としている。僅かながらも玉城に関する伝承が残っている中で、本戦との関りが一切伝わっていない点も無視できないだろう。

最後に玉城の構造に目を向けると、縄張図のとおり、曲輪《くるわ》が西側に連なっており、堀切《ほりきり》も西側に設けられ、近江方面を意識した構造となっているため、東軍が布陣する方角と逆向きである。

中井《なかい》均《ひとし》氏は「(引用者註：玉城は) 戦国期後半に改修を受けたことは明らかである。古いタイプの城を周縁部に竪堀群を配することによって防御機能を強固にしたものと考えられる。江濃国境の境目の城として竹中氏が改修したのではないだろうか」と指摘している（岐教：二〇〇二)。

関ケ原町歴史民俗学習館蔵『御合戦御備絵図』や『関原合戦図志』が示すとおり、玉城が天正年間に浅井氏が用いた城であった場合は、竹中重門《たけなかしげかど》が美濃方面を守る城に造り替えられたと推測できる。いずれにしても、玉城に本戦との関係性は認められない。

第六章

「小早川秀秋の寝返りは開戦と同時」とする説の検討

一　白峰説が論拠とする史料

現在、関ヶ原合戦〈以下、本戦と表記〉のイメージに最も大きな影響を与えている新説は、小早川秀秋《こばやかわひであき》が寝返ったのは開戦と同時で、合戦は瞬時に終わったとする白峰旬《しらみねじゅん》氏の説〈以下、白峰説と表記〉であろう（白峰：二〇一四）。

白峰説に基づくと、本戦のイメージは、東軍が西軍を瞬時に破った一方的な殲滅戦という「つまらない」ものとなる。しかし、果たして本当であろうか。そこで本章では、白峰説について検討していきたい。

白峰氏がまず論拠とした史料は、佐和山《さわやま》城（滋賀県彦根市）の番手を務めた彦坂元正《ひこさかもとまさ》と石《いし》川康通《かわやすみち》が、九月十七日付けで吉田《よしだ》城（愛知県豊橋市）の番手である松平家乗《まつだいらいえのり》に宛てた書状である（『堀家文書』）。

【史料9】

（前略）去る（九月）十四日（家康は）赤坂（大垣市赤坂町）に御到着され、十五日の巳の刻（午前十時頃）関ヶ原に差し掛かり、一戦なさいました。治部少輔（三成）、島津兵庫頭（惟新）、小西（行長）、備前中納言（秀家）の四人は、十四日の夜五ツ（午後八時頃）時分に大垣城の外曲輪を焼払い、関ヶ原に集まって布陣しました。この地の衆、井兵少（直政）また福島（正則）殿が先陣となり、そのほかの者も悉《ことごと》く続き、敵が陣を構える難所に差し掛かり「とりむすひ候刻《きざみ》」、筑前中納言（秀秋）殿、脇坂中書（安治）、小川土佐（祐忠）父子、この四人が（東軍の）御味方となり、（西軍を）裏切りました。すぐに敵は敗軍となり、追い討ちによって際限なく討ち取りました。大将分は大谷刑部少輔（吉継）、島津又八郎（忠恒）、島左近（清興）、島津中務（豊久）、戸田武蔵（勝成）、平塚因幡（為広）、そのほか討ち取りました。まず、名のある衆はこの分ですので、（そのほかは）鼻を搔《か》いて首は捨てました。そのため、誰を討ち取ったか分かりません。（後略）

戦死した者の中に島津《しまづ》忠恒《ただつね》（惟新の子）の名があるが、これは誤報である。白峰氏は、文中にある「とりむすひ候刻」を「戦いをまじえた時（開戦した時）」と解釈し、開戦と同時に小早川秀秋などが裏切ったと主張する。

白峰氏が次に論拠とした史料は、『当代記《とうだいき》』である。『当代記』は、著者・成立時期ともに不詳であったが、太向義明《たいこうよしあき》氏の分析によって、部分的ではあるが明らかとなっている（太向二〇一三）。『当代記』は、徳川家に関する情報に少なからず通じていた人物によって著されたものであり、徳川秀忠《とくがわひでただ》が二代将軍となった慶長《けいちょう》十年（一六〇五）頃から、大坂冬の陣が終息して間もない慶長二十年（一六一五）正月頃までのほぼ十年間に、基本的な著述・編集がおこなわれている。

白峰氏は『当代記』の記述［史料10］から、石田三成方の諸将が関ヶ原に打って出て戦ったという記載がなく、まさに布陣しようとしたところを小早川秀秋が裏切ったので敗北したと主張する。

［史料10］

（前略）夜半に敵は大垣から関ヶ原へ回り、先陣において合戦を企てた。この日は雨が降り、霧が深くて前方がよく見えなかった。伊勢筋へ回った西国衆二万五千余は、河戸（岐阜県海津市南濃町上野河戸）、駒野（海津市南濃町駒野）に「居陣」した。関ヶ原には石田治部（三成）、宇喜多中納言（秀家）、大谷刑部（吉継）、島津兵庫（惟新）、小西摂津守（行長）が「将陣」のところに、金吾中納言（秀秋）が内府（家康）公の味方に属したので、敵は敗北し、数百を討ち取った。この時、脇坂中務（安治）、小川左馬介（祐滋）も突然、内府に属した。（後略）

このほか白峰氏は、吉川広家《きっかわひろいえ》自筆書状案（第三章77頁［史料5］参照）の「即時に乗り崩され、悉く討ち果たされました」、九月二十日付けで近衛前久《このえさきひさ》が息子・信尹《のぶただ》に宛てた書状（『陽明文庫所蔵文書』）の「即時に破り大勝利しました」といった文言や、イエズス会の史料『一六〇一年二月二十五日付、長崎発信、ヴァレンティン・カルヴァーリュ師のイエズス会総長宛、日本年報補遺』の記述を根拠として挙げている。

［史料11］

（前略）翌日彼（引用者註：家康）は敵と戦闘を開始したが、始まったと思う間もなく、これまで奉行たちの味方と考えられていた何人かが内府様の軍勢の方へ移っていった。彼らの中には、太閤様の奥方の甥であり、太閤様から筑前の国をもらっていた（小早川）中納言（金吾秀秋）がいた。同様にたいして勢力ある者ではなかったが、他の三名の諸侯が奉行たちの軍勢に対して武器を向けた。奉行たちの軍勢の中には、間もなく裏切行為のため叫喚が起こり、陣列の混乱が叫喚に続いた。同じく毛利（輝元）殿［彼は九ヵ国の国主であった］の軍勢は、合戦場から戦うことなしに退却した。こうして短時間のうちに奉行たちの軍勢は打倒され、内府様は勝利をおさめた。（後略）

二　白峰説を検討する

白峰説のとおり、東軍が西軍を瞬時に破った一方的な殲滅戦であったならば、徳川政権にとって家康の武威《ぶい》を示す格好の材料となる。何故わざわざ接戦と偽り、秀秋の寝返りを勝敗の決め手として位置づけたのであろうか。白峰氏は、「小早川秀秋が開戦と同時に裏切り、石田三成方の軍勢が瞬時に敗北したということであれば、ストーリー展開として、あっけなく戦いが終わってしまい、話としておもしろみがないので、合戦の展開をスリリングに演出するために架空の話をでっちあげて創作したと考えられる」と述べるが、酒井《さかい》忠《ただ》勝《かつ》の命によって林《はやし》羅山《らざん》・鵞峰《がほう》父子が編纂した『関原《せきがはら》始末記《しまつき》』（明暦《めいれき》二年〈一六五六〉成立）でさえ、秀秋の寝返りを合戦の転換点に位置づけ、辰の刻（午前八時頃）に合戦が始まり、午の刻（正午頃）に西軍が壊滅したと、戦闘は約四時間に及んだとしている。徳川サイドの史料でさえ、この様に述べていることから、一方的な殲滅戦であったものを接戦と偽ったとは考え難い。

白峰氏が挙げた史料の内、吉川広家自筆書状案については、既に第三章でその信憑性に疑義を唱えた。また、笠谷《かさや》和比古《かずひこ》氏は当時の用例から、「『即座に乗り崩し』というのは当時の武将たちの、勝利を収めたときの常套表現と言って差し支えない。『手もなく簡単に片づけてやった』という口癖のようなものであって、本当に『あっという間に』であるかは定かではない」と指摘し、［史料11］についても「キリスト教の宣教師たちはその言葉を真に受けて、『（関ヶ原合戦は）あっという間に終わった』という認識を示していた」とする（笠谷：二〇二二）。当時の常套表現という指摘は、近衛前久書状にも当てはまる。

［史料9］の「とりむすひ候刻」の解釈は、白峰氏が述べるように「戦いをまじえた時」で良いであろう。しかし、そこから「開戦した時」と繋げるのは拡大解釈である。

本戦一日の視点でみれば「開戦した時」と解釈しても問題が無いように感じてしまうが、両軍は半月も赤坂と大垣で対峙しており、その総決算として本戦があるのである。「とりむすひ候刻」とは、対峙から武力衝突への移行、つまり、開戦直後に限らず、合戦そのものを指しているのである。従って「戦いをまじえた時（合戦の最中）」と解釈するのが妥当といえる。

これは『寛永諸家《かんえいしょか》系図《けいず》伝《でん》』脇坂安治《わきざかやすはる》の項の記述「九月十五日辰の刻（午前八時頃）の一戦に、筑前中納言豊臣秀秋と、安治おなじく息男・安元かねてよりの御内意なれば御味方となる。そののち三成敗軍す」と同様である。本戦で秀秋らが寝返ったことはわかるが、タイミングまでは記されていない。

続いて［史料10］では、「将陣」の解釈が争点となる。白峰氏は「将陣のところ」を「今まさに陣を敷こうとしたところへ」と現代語訳しているため、「将」を「まさに」と解釈したと考えられる。しかし、こうした場合、「陣取」ではなく「陣」とある点が腑《ふ》に落ちない。

［史料10］には「河戸、駒野に居陣す」という記述があり、「居陣す」は地名の「河戸、駒野」にかかっている。「居陣」の意味は「軍隊を配置し、隊形を定めること」であるから、解釈の仕方は「～に陣を居《す》える」となる。「将陣」も「居陣」と同様に単語として捉えるべきではないだろうか。

「将陣」に目を向けると、「石田治部、宇喜多中納言、大谷刑部、島津兵庫、小西摂津守」といった人名にかかっている。そして、同じ要領で解釈すると「～が陣列を将《ひき》いる」となる。つまり一連の解釈は、「関ヶ原には石田治部、宇喜多中納言、大谷刑部、島津兵庫、小西摂津守が陣列を率いて来たところ、金吾中納言が内府公の味方に属したので、敵は敗北した」となる。

一見すると、白峰氏の解釈と同じ大意に感じるが、西軍の関ヶ原転進は対峙から武力衝突への移行を意味しており、移動して来た瞬間ではなく、合戦そのものを指している。

また、第七章で後述するが、石田三成と島津豊久は午前六時の段階で既に布陣を終えており、布陣しようとしたタイミングで秀秋が寝返るとは考えられない。

三　白峰説の反証となる史料

島津惟新に従って本戦に参加した帖佐《ちょうさ》宗光《むねみつ》の覚書（第四章109頁［史料8］参照）や、春日社家の東地井《とちい》祐範《すけのり》の日次記『中臣祐範記《なかとみすけのりき》』慶長五年九月十五日条（［史料12］）はともに、序盤における西軍の善戦と、小早川秀秋の背面攻撃によって形勢が動いた旨を伝えている。

【史料12】

十五日、尾張国にて家康方と上方衆（西軍）の合戦が幾度かありました。完全に上方衆が有利であったところに、羽柴金吾（秀秋）殿が寝返り、後ろから一万五千余の軍勢で攻め掛かりましたので、（西軍は）どうしようもなく敗北しました。大谷刑部少輔（吉継）、石田治部少輔（三成）以下、過半が討死しました。即時に家康方の衆は入京しました。この（寝返った）金吾殿は幼少より太閤秀吉の御養子として寵愛を受けた人です。このたびの有様、武勇の上と云い、旧孝と云い、卑怯な所行は世間の嘲嘍《ちょうろう》なり。

また、序盤における西軍の善戦は明記されていないものの、一進一退の攻防が続いた後、秀秋の寝返りによって形勢が動いたことを記した当事者の覚書も存在する。島津惟新は後年に次のように記している（『惟新公御自記』）。

【史料13】

慶長五年庚子《かのえね》九月十五日、美濃国関ヶ原において合戦あり。数時間、戦ったが未だ勝負を決せざるところ、筑前中納言（秀秋）が戦場で野心を起こしたため、味方は敗北し、伊吹山に逃げ登った。

当時十四歳で島津惟新に従っていた神戸久五郎が記した覚書も「東国衆は大谷刑部（吉継）殿の陣に攻め掛かり、六七度の合戦がおこなわれたところに、上の山から筑前中納言は白旗を挿させた軍勢を率いて参戦し、大谷殿の兵を一人も残らず討ち取った」と、部隊の衝突が六、七回あった後に秀秋の寝返りがあったとする。

また、慶長十二年（一六〇七）には成立していた『関ヶ原《せきがはら》御合戦双紙《ごかっせんぞうし》』も、一進一退の攻防が続く最中に秀秋らが寝返ったとしている。

このように、秀秋の寝返りが開戦と同時とする史料は皆無となった一方で、一進一退の攻防が続いた後に秀秋の寝返りによって形勢が動いた点は、当事者の覚書や、同時代の人物によって記された史料から示すことが出来る。秀秋らが西軍を攻撃するまでには両軍の衝突が数回あり、一進一退の攻防が続いていた。本戦は、東軍による一方的な殲滅戦ではなく、従来どおり、序盤において西軍の善戦があり、小早川秀秋の寝返りによって形勢が動いたのである。

第七章 合戦の経過を検討する

一　両軍の移動について

第七章では、関ヶ原合戦〈以下、本戦と表記〉の経過を検討する。第三章、第五章、第六章では新説を否定してきたが、冒頭で触れたように、一斉射撃（誘鉄炮）によって小早川《こばやかわ》秀秋《ひであき》が寝返ったとする逸話を虚構とする以上、通説どおりで良いというわけにもいかない。一斉射撃の逸話を除いても成立する合戦像を提示する必要があるだろう。また、第六章で取り上げた白峰説が成り立たないことを再確認する上でも、開戦をはじめとした時刻の考察は必要となる。

第七章では『日本戦史《にほんせんし》・関原役《せきがはらえき》』〈以下『日本戦史』と表記〉の内容を大きく六つに分け、それらを検討することで、本戦の経過を解明していきたい。

まず一点目として、『日本戦史』は、西軍は九月十四日午後七時に大垣城《おおがき》（大垣市郭町）を出発し、翌十五日の午前一時に石田三成が関ヶ原に到着。続いて島津惟新《しまづいしん》は午前四時に、その後、小西行長《こにしゆきなが》、宇喜多秀家《うきたひでいえ》の順に到着したとする。一方、東軍は午前三時から東山道《とうさんどう》（中山道）を西上し始め、先頭は夜明け頃に関ヶ原に到着したとする。まずは、これらの時刻について考察していきたい。
第二章で述べたように、西軍が大垣城を発った時刻は、十四日の午後六時以降〜午後八時の間に収まる。また、東軍についても『藤堂家《とうどうけ》覚書《おぼえがき》』に「翌日十五日の未明に、いずれも青野を御発ちになって」とあり、青野ヶ原《あおのがはら》（大垣市青野町）に布陣していた豊臣系大名は十五日未明には関ヶ原へ移動を開始していた。
関ヶ原に到着した時刻については、当時十四歳で島津惟新に従っていた神戸久五郎の覚書に「九月十四日の夜に入ってから大垣を御出発、夜中に関ヶ原に御着になられました」とある。また、同じく島津惟新に従っていた大重平六の覚書には次のように記されている。

【史料14】

慶長五年九月十四日の晩六ツ下り（午後六時過ぎ）大垣を御出でになられ、関ヶ原へ向けて御出発されました。その夜は雨が降っておりました。こうして、夜の七ツ（午前四時頃）時分に関ヶ原に御着になられました。合戦の割り当ては一番鑓《やり》石田（三成）殿、二番中書（豊久）様、三番備前中納言（秀家）殿、その次が惟新様でした。そのほか大名衆方々も陣取なさいました。

島津豊久の隊に付属していた山田《やまだ》有栄《ありなが》の覚書『山田《やまだ》晏斎《あんさい》覚書《おぼえがき》』には「夜明け前に関ヶ原に御着になられました。布陣地について御考えになっていたところに、石田殿の備は陣を構えて隊を配置していました。その右へ一町半（約百六十四m）ほど間を空けて、こちらの軍は夜明けに布陣なさいました。中務（豊久）様の備です」と、豊久隊は夜明け前に関ヶ原に到着し、この時すでに三成は布陣しており、豊久隊も夜明けに布陣が完了したとする。

本戦のあった九月十五日は、太陽暦では十月二十一日にあたる。日の出は午前六時頃と考えていいだろう。島津惟新隊の関ヶ原到着は、神戸久五郎の覚書が「夜中」、『大重平六覚書』が夜の七ツ（午前四時頃）であるため、午前四時頃と考えられる。島津豊久隊も『山田晏斎覚書』に夜明け前（午前六時以前）とあるため、同様と思われる。島津勢はそれから約二時間で陣の構築を完了したと考えられる。

牧田（大垣市上石津町）を経由しての大垣城から史跡・石田三成陣跡（関ケ原町関ケ原）までの距離は約二十㎞であり、雨天に軍勢での移動を考えると、十四日の午後七、八時頃に出立した島津勢が翌日午前四時頃に関ヶ原に到着し、午前六時頃に布陣を完了したというのは、現実的な数字である。島津勢に遅れて到着した隊も午前七時までには布陣を完了したと推測できよう。

なお、彦坂元正《ひこさかもとまさ》と石川康通《いしかわやすみち》が、九月十七日付けで松平家乗《まつだいらいえのり》に宛てた書状（第六章142頁［史料9］参照）には、西軍が大垣城を発つ際に外曲輪《そとぐるわ》を焼き払ったと記されているが、この記述には疑問が生じる。西軍の関ヶ原転進は、牧田を経由する迂回路を通っている。早期に東軍に気付かれた場合、先に関ヶ原に到達できるのは垂井《たるい》（岐阜県垂井町）を押さえている東軍である。東軍が先に関ヶ原を押さえた場合、三成らに勝ち目はないだろう。外曲輪を焼き払うという注意を引くような行動をとったとは考え難い。『藤堂家覚書』の記述をみても、東軍が十四日の内に西軍の関ヶ原転進を知ったようには思えない。

島津惟新に従って本戦に参加した帖佐宗光《ちょうさむねみつ》の覚書（第四章109頁［史料8］参照）には、火を付けた火縄を挟んだ竹を沢山立てて陣に人がいるように偽装したとあるように、こちらが真相と考えられる。無論、大垣城が所領三万石の伊藤盛正《いとうもりまさ》の居城であることを踏まえると、宇喜多秀家や三成らが率いた兵を全て収容するために外曲輪を拡張したとしても不思議はなく、大垣を離れるにあたって防御面積の縮小のために焼却された可能性は有り得る。しかし、その場合でも三成らの関ヶ原への移動が完了した後に大垣城守将の福原長堯《ふくはらながたか》らの手によっておこなわれたと考えられる。

二　井伊直政の抜け駆けについて

続いて二点目として、『日本戦史』は、午前七時を過ぎても戦闘は開始されず、午前八時頃に松平《まつだいら》忠吉《ただよし》と井伊直政《いいなおまさ》が宇喜多隊に向かい、戦端を開いたとする。

まず、戦端を開いたのが忠吉と直政という点は、九月十七日付け彦坂元正・石川康通連署状に「この地の衆、井兵少（直政）また福島（正則）殿が先陣となり、そのほかの者も悉《ことごと》く続いた」と、井伊直政が福島正則《ふくしままさのり》とともに「先陣」として扱われているので、通説どおりでいいだろう。

文中にある「この地の衆」の解釈については、この書状が記された時、彦坂元正と石川康通は佐和山《さわやま》城（滋賀県彦根市）の番手に当たっているため、素直に読むと近江国の領主と解釈できるが、（本戦当時）近江が西軍の勢力圏であったことを踏まえると考え難い。本戦に勝利した後、近江国に入っていた東軍主力の面々と考えるのが妥当であろう。全体の解釈は「（現在）この地にいる井伊直政と福島正則が先手となり、そのほかの者も悉く続いた」となる。

先陣は福島正則であったため、松平忠吉と井伊直政の行為は抜け駆けとなる。抜け駆けは軍令で禁止されている行為であり、たとえ手柄を立てたとしても処罰の対象となる。にもかかわらず、忠吉と直政が抜け駆けをおこなったのは、徳川氏が抱える事情を踏まえてのことであった。

榊原《さかきばら》康政《やすまさ》、大久保《おおくぼ》忠隣《ただちか》、酒井《さかい》家次《いえつぐ》ら大身家臣が多く編制された徳川軍主力は徳川秀忠《ひでただ》が率いていたが、未だ美濃国に到着していなかった。

そのため、関ヶ原には備《そなえ》（部隊）を構成して前線で戦える重臣は、忠吉、直政、本多《ほんだ》忠《ただ》勝《かつ》しかいなかった。その兵力の割合は、東軍の前線部隊の約五分の一であり、そのほかは豊臣系大名であった。

ゆえに直政は、先陣を切ることで徳川家中の面目を施そうとしたのであろう。結果的に東軍の完勝で終結しながらも、徳川家臣の村越《むらこし》兵庫《ひょうご》と、旧臣の奥平《おくだいら》貞治《さだはる》が戦死。松平忠吉と井伊直政が負傷。戦場で傷を負うことがなかったとされる本多忠勝でさえ、名馬・三《み》国黒《くにぐろ》を被弾で失っている。徳川氏の関係者に死傷者が目立つのは、こうした引け目が背景としてあったのかもしれない。

直政の抜け駆けについては、一次史料から確認できないことを理由として実在を疑問視されることがあるが、彦坂元正・石川康通連署状から、直政が「先陣」として評価されていたことは間違いない。

仮に抜け駆けが後世の創作であった場合、正規に「先陣」だったにもかかわらず、あえて抜け駆けを犯した話を付け加えたことになる。これにはデメリットしかない。規律によって社会を維持しようとしていた江戸時代において、そのようなことをするであろうか。

彦坂元正・石川康通連署状において、福島正則の「先陣」は侵されておらず、直政の「先陣」と併存している点は重要である。直政の抜け駆けは実在したが、直政は抜け駆けの主役に忠吉を立てたと考えられる。正則にしてみれば、家康の子息が初陣である上に、傷を負ってまで挙げた武功を非難することは困難であろう。また、直政の「先陣」は抜け駆けであったため、正則の「先陣」は侵されずに、依然として「先陣」と評価されたと考えられる。こうした配慮をもって、徳川方は正則との衝突を回避したと思われる。

三　開戦時刻

次に開戦時刻であるが、彦坂元正・石川康通連署状は「十五日の巳の刻、関ヶ原に差し掛かり、一戦なさいました」と、開戦は巳の刻（午前十時頃）であったとする。また、豊国社の神龍院梵舜《しんりゅういんぼんしゅん》の日記『舜旧記《しゅんきゅうき》』にも「巳の刻」の記述がある。

そして、島津家中の某覚書にも「翌十五日の巳の刻ごろ、朝霧の絶間から幟《のぼり》と思しき物が見えたと報告があり、各々が見に行ったところ、思った通り、関東の大軍勢数万騎が見えました。この大軍勢が次第に近づいて来て、惟新様の御備から東にある備前中納言（秀家）の備に攻め掛かり、合戦となったところ、備前中納言殿の備は敗れました」と、巳の刻ごろに東軍が宇喜多隊に攻め掛かったとある。しかし、その直後に宇喜多隊の壊滅が記されており、開戦時刻ではなく、東軍が総力を挙げて突撃した時刻を示している可能性がある。また、秀秋の寝返りと大谷隊の壊滅が宇喜多隊の壊滅の後に記されており、某覚書には時系列の前後がみられる。

また『関ヶ原御合戦双紙《せきがはらごかっせんぞうし》』には、「次第に巳の刻ごろに空が晴れて視界が良くなった。その時、沢井左衛門尉（雄重）、祖父江法斎、森勘解由、奥平藤兵衛（貞治）が物見に出たところ、敵に遭遇して戦い、勇ましい功名を立てた」とある。後年に生駒利豊《いこまとしとよ》が本戦の様子を記した書状からも、『関ヶ原御合戦双紙』と同様に沢井雄重《さわいかつしげ》らが福島正則に属して宇喜多隊と戦っていたことが確認できる（第四章96頁［史料6］参照）。そして『関ヶ原御合戦双紙』の記述は、島津家中の某覚書の記述と類似している。

一方、『関原始末記《せきがはらしまつき》』は「辰の刻に合戦始て」とし、『寛永諸家系図伝《かんえいしょかけいずでん》』脇坂安治《わきざかやすはる》の項も「九月十五日辰の刻の一戦」と、開戦は辰の刻（午前八時頃）であったとする。

辰の刻と巳の刻の間とする記録もあり、『山田晏斎覚書』は「十五日、早朝に後備《あとぞなえ》は内府（家康）勢まで攻め掛かると申して来ました。一戦は辰巳の間だったでしょう。雨天のため霧が深くて、細々とは見えませんでした」とし、山田有栄に従って戦った黒木左近兵衛の申分も同様に「関ヶ原合戦、慶長五年九月十五日辰巳の刻の間にあったでしょう。雨天のため霧が深くて、方々《ほうぼう》を見ることができませんでした」と、雨が降り、霧が深い中で戦闘があったとする。

さらに、帖佐宗光の覚書は「家康卿は十四日の昼に大垣（赤坂）に到着され、十五日の未明に石田の軍を破るために一戦に及びました」とし、十月七日付けで池田輝政《いけだてるまさ》が本多正《ほんだまさ》純《ずみ》に宛てた書状にも「九月十四日の夜、大谷刑部少（吉継）が陣取に着いたところ、明十五日の未明に（家康は）御一戦を御命じになり」とある（『士林泝洄』）。また、伊達政宗《だてまさむね》も九月三十日付けで家臣たちに宛てた書状で「大垣に籠城していた衆は夜中に紛れて、美濃国の山中（関ケ原町山中）という所へ移動し、陣取ったのを、十五日未明に、ひたすら攻め掛かって押し崩し」と、未明に開戦したとする（『留守家文書』）。

また、神戸久五郎の覚書は「夜が明けると、東国衆は大谷刑部殿の陣に攻撃を仕掛けました」と、夜明けに東軍が大谷吉継の陣に攻め掛かったとする。

史料によって時刻は様々であるが、これらを総合して先《ま》ず言えることは、当日は雨が降り、霧が深かったが、巳の刻（午前十時頃）には天候が好転し、霧も晴れてゆき視界が良くなっていったという状況と、天候が好転する以前から戦闘があったことである。

そして、この問題を考える上で笠谷和比古《かさやかずひこ》氏の「当時の合戦において、明け方までに両軍の布陣が完了しておきながら、昼近くの十時になって漸《ようや》く開戦するなどということは先ずないことである。当時の合戦における基本形は、両軍がともに布陣を完了していたという状態の下では、早朝、払暁（卯の刻）とともに戦闘が開始される。そして夕方、いわゆる逢魔が時の頃になると戦闘を停止するというものであった」とする指摘は重要である（笠谷：二〇二二）。

無論、当日は霧が深く、笠谷氏が述べる合戦のセオリーをそのまま当てはめることは出来ないが、『藤堂家覚書』では、藤堂高虎《とうどうたかとら》の家臣・藤堂良勝《とうどうよしかつ》が朝駆けをおこない、諸軍の中で一番首を挙げたとする（第四章１０５頁［史料７］参照）。藤堂良勝のように功名を立てようとする者が少なからずいるなか、霧が晴れる巳の刻まで静寂を保つのは不可能といえよう。

開戦時刻を述べた史料の中で、本戦当事者（あるいは参戦した家）に絞ると次の通りである（某覚書は証言者を特定できないため除く）。
①「未明」は、島津惟新の家臣と、池田輝政。
②「夜明け」は、島津惟新の家臣。
③「辰の刻」は、脇坂氏。
④「辰の刻と巳の刻の間」は、島津豊久に付属した者。
島津惟新に従った者の覚書は、史料によって記述が様々であるが、島津豊久に付属した者は「辰の刻と巳の刻の間」で一致する。島津惟新に従った者たちの記述が異なる理由は明確にはわからない。惟新の布陣地が石田三成の陣の西に位置し、諸将に比べて後方にある点や、『大重平六覚書』に「合戦の割り当ては一番鑓石田殿、二番中書（豊久）様、三番備前中納言（秀家）殿、その次が惟新様でした」とあるように、西軍内部の取り決めにおいても、惟新は三番鑓の秀家に続く後方の担当であり、あらゆる面で交戦場と離れていた点が影響したと思われる。

これに対して、石田三成の陣の南西に位置し、二番鑓とされた島津豊久に付属した者は「辰の刻と巳の刻の間」と述べており、大関《おおせき》（通説では藤下）に布陣した脇坂氏は「辰の刻」としている。前線に位置した者（家）が伝える時刻ほど、辰の刻（午前八時頃）に近づく傾向にある。

情報源が伝聞である一次史料は、「未明」とする伊達政宗書状、「巳の刻」とする彦坂元正・石川康通連署状と、『舜旧記』がある。

「巳の刻」とする記録は、情報源が伝聞であるものが多い。一方で本戦当事者が示す時刻は、「辰の刻」前後に集中している。これは全体的な認識としては「巳の刻」であり、戦闘を目の当たりにした当事者にとっては「辰の刻」前後であったということであろう。当日は霧が深く、巳の刻（午前十時頃）になって晴れてきたことを踏まえると、巳の刻より前に総力を挙げた突撃があったとは考え難く、後方にいる諸隊は戦闘に参加せず、前線にいる隊が慎重に進みながら攻撃を掛けたと考えられる。戦闘が開始されたのは「辰の刻」あるいは「辰の刻と巳の刻の間」であろう。

「未明」を示す史料もあるが、笠谷氏が述べる合戦のセオリーには当てはまらず、さらに霧が深かったことを踏まえると、戦闘をおこなうのは難しいと考えられる。史跡・徳川家康岡山本陣跡（大垣市赤坂町）から史跡・関ケ原宿本陣跡（関ケ原町関ケ原）までの距離は約十一㎞であり、軍勢での移動を考えると三時間は要すると考えられる。未明の内に、東軍諸隊が布陣を完了させ、さらに攻撃を仕掛けるに至るのは難しいだろう。理論上、未明に戦闘があったとは考え難い。霧が深く、日が射しにくいことが影響して「未明」と誤認した可能性が考えられる。

また、池田輝政は南宮山《なんぐうさん》の抑えであり、開戦時に関ヶ原にいなかった。家康も布陣地は野上《のがみ》（関ケ原町野上）と関ヶ原の間であることから、関ヶ原にはいない。開戦時に家康の号令があったわけではなく、諸将の裁量によって開戦の火蓋が切られたといえる。つまり、東軍側の記録では、家康が関ヶ原への移動を命じた時を以て開戦の号令と位置づけて、「明十五日の未明に御一戦を御命じになり」となった可能性も考えられる。

四　家康による乾坤一擲の前進

続いて三点目として、『日本戦史』は、九時過ぎ頃に家康は桃配山から関ヶ原へ進軍して士気を鼓舞。十一時頃には更に三、四丁（三、四百ｍ）前進したとする。

この家康による乾坤一擲《けんこんいってき》ともいえる前進は、一次史料はもとより、『関ヶ原御合戦双紙』や『関原始末記』からも確認することはできない。『関ヶ原御合戦双紙』は執筆当時から周囲の関心を引いており、『関原始末記』は酒井忠勝《さかいただかつ》の命で編纂されている。これら、家康への配慮を多分に求められる背景で作られた史料が、家康の見せ場を書き漏らすとは考え難い。このことは、逸話が事実ではなく、後世の創作であることを示していよう。

逸話に関する記述の初見は、寛文《かんぶん》三年（一六六三）成立の『慶長軍記《けいちょうぐんき》』であり、「巳の刻に晴となって、東西は初めて玲瓏《れいろう》となった。旭が東に輝いて西に光を射した。（家康の）本陣は魚鱗の陣で備られ、先鋒の衆は鶴翼の陣となった。その後、旗本は関ヶ原町口東から西へ拾二町前進し、また、酒井左衛門に命じて、金扇の御馬印ならびに白旗を、御本陣より九町ほど御先へ出された」と、手勢や馬印を前進させたとある。

延宝元年（一六七三）成立の『武家事紀《ぶけじき》』にも「戦の半《なか》ばに、源君（家康）馬廻の勇士が一同に駆け入って戦った」と記されている。

また、家康は伊達政宗に次の書状を送っており（『伊達家文書』）、石川家成《いしかわいえなり》にも同じ内容の書状を送っている（『松平義行氏所蔵文書』）。

【史料15】

今月十五日の午の刻（正午頃）、美濃国の山中において一戦におよび、備前中納言（秀家）、島津（惟新）、小西（行長）、石治部（三成）の軍勢を悉《ことごと》く討ち取りました。すぐに佐和山まで、今日中に着馬します。大垣も今日中に攻略します。御安心ください。その表のこと、（政宗の）処置は尤《もっと》もです。恐々謹言。

九月十五日　　家康（花押）

大崎少将殿

内容から本戦に勝利した直後に記したことがわかる。文面を素直に読むと開戦時刻は午の刻（正午頃）となるが、それは考えられないため、自ずと午の刻は西軍を壊滅させた時刻と捉えられる。

しかし、家康が野上と関ヶ原の間の地点に布陣していたことを踏まえると、午の刻は家康が関ヶ原に入った時刻を指す可能性が出てくる。『山田晏斎覚書』には「こうしたところに、内府様の備（部隊）が、こちらが通る道筋に向かって御出でになったので、一大事であると思ったが、佐和山に通じる街道の方を御通りになったので、別条なかった」と、退却する島津惟新の供をしていた山田有栄が、家康の本隊と遭遇したとあるので、この頃には家康が関ヶ原に入っていたことが確認されている。また、家康の本隊にいた小栗忠政《おぐりただまさ》が島津の騎兵を討ち取っているので、家康本隊と島津勢との間に多少の戦闘があったと考えられる（『寛永伝』）。

『山田晏斎覚書』によると、家康の本隊は「御出で」「御通り」とあるので、家康が午の刻に関ヶ原に入った可能性は高い。後述するが、西軍が壊滅するのは正午頃であるため、家康の関ヶ原への進軍は、戦局が有利になった後のこととなり、乾坤一擲の前進ではない。

五　西軍の壊滅

続いて四点目として、『日本戦史』は、島津勢の前衛（島津豊久）は泰然として動こうとせず、敵兵を待ち構える姿勢であったとする。そして、石田家臣・八十島助左衛門《やそじますけざえもん》が使者として後続の助勢を頼みに二度訪れるが、二回目の催促の時に馬上で使命を伝えたことを島津家臣に咎められる。その後、三成自身が助勢を頼みに訪れるが、豊久に断られたとする。

また五点目として、『日本戦史』は、石田三成隊は奮戦し、午後に至っても勝敗はつかなかったが、宇喜多秀家と小西行長の敗走を受けて崩れたとする。これらを併せて検討していきたい。

豊久が敵を待ち構える姿勢であったことは第四章で述べたとおりである。八十島助左衛門が助勢を求めた際の遣り取りは、『山田晏斎覚書』に次のように記されている。

［史料16］

石田殿は八十島助左衛門殿を使者として「(石田隊が) 敵勢に攻め掛かるので、後から攻め掛かって欲しい」と仰せられました。(豊久は)「委細、承知した」と御返事になりました。(再び) 八十島殿が使に参りました。この時は、こちらの備の中から「馬上から口上を述べるなど無礼なことだ。討ち取れ」などと口々に喚《わめ》き立てたので、(八十島は) すぐに駆け戻りました。続いて石田殿自身が出向いて「(石田隊が) 敵勢に攻め掛かるので、後から攻め掛かって欲しい」と言いました。中務 (豊久) 様は御返事として「今日の戦闘は各隊がそれぞれ、力を尽くして戦おうではないか。御方 (三成) もその通りに御心得いただきたい」と直に仰せられたので、(三成は)「武運を祈る」と仰せられ、自身の備えに帰着する途中と思われる時に、はらはらと（石田隊は）敗軍しました。

内容は大方『日本戦史』の通りである。八十島助左衛門が後続の助勢を依頼したことは、島津豊久隊が積極的に打って出ていないことを物語っている。また、『山田晏斎覚書』には「一戦前に大谷（吉継）殿の陣を筑前中納言（秀秋）殿が攻め破った」ともあり、豊久は西軍内部の取り決めで二番鑓とされていたが、大谷隊が壊滅した頃も静観していたことがわかる。

帖佐宗光の覚書には「石田隊は皆、陣を破られて敗北しました。午の刻のことでしたでしょうか、こちら（惟新）の陣を敵が四方から取り囲んで、激しく攻めてきました」とあるため、石田隊の壊滅および、島津惟新隊に東軍が攻め込んだのは正午頃といえる。

三成隊の壊滅が正午頃であるのは、［史料16］からも裏付けられる。山田有栄は、三成が自陣に戻る途中の頃に三成隊は壊滅したと認識している。三成から豊久に助勢を催促したのは計三回であり、また、霧が深い間は反攻に出にくいことを踏まえると、帖佐宗光の覚書（第四章109頁［史料8］参照）にある島清興《しまきよおき》の善戦は霧が晴れた午前十時以降と思われる。島清興の善戦を受けて三成が八十島助左衛門を派遣したのが午前十時半と仮定し、その後、動く気配のない豊久に対して再び八十島を派遣したのが午前十一時、八十島が非礼を咎められたことを知った三成が自ら豊久の陣へ向かうのが午前十一時半と仮定すると、三成が自陣に戻るのは正午頃となる。あくまで推測だが、時間の計算は合う。『関原始末記』にも「午の刻に及て敵軍のこらす敗北す」とある。

神戸久五郎の覚書は「上の山から筑前中納言は白旗を挿させた軍勢を率いて参戦し、大谷（吉継）殿の兵を一人も残らず討ち取った。備前中納言（秀家）殿の陣へは新手の大将が攻め掛かって追い崩し、こちら（惟新）の陣へ攻め掛かった。東は別の手の大将が攻め掛かって石田（三成）殿の陣を追い崩し、こちら（惟新）の陣へ攻め掛かった」と、大谷隊が壊滅したことによって、宇喜多秀家隊の攻撃に新手が加わって宇喜多隊を破り、さらに石田隊にも別の部隊が攻撃を加えて破り、宇喜多隊と石田隊を破った東軍諸隊が双方向から惟新隊に攻め込んだとする。

大谷隊を破った後、これまで大谷隊と戦っていた東軍諸隊は、二手に分かれて宇喜多隊と石田隊の攻撃に加わったのである。『日本戦史』が記すように西軍諸隊は南から順に崩されたわけではなく、宇喜多隊と石田隊は同時期に崩れたといえる。

つぎに挙げるのは、『大重平六覚書』の記述である。

【史料17】

石田殿は一時《いっとき》も持ち堪《こた》えられずに、中書（豊久）様の陣場へ崩れかかったところ、中書様は少し持ち堪えなさった。惟新様は未だ鎧もお召しになっていなかったが、もはや、良い頃合いなので、鎧をお召しになると（惟新が）仰せられたので支度をいたしました。鎧を曽木五兵衛殿が着せました。中納言（秀秋）殿が裏切り、大谷刑部少輔（吉継）殿へ攻め掛かりました。大谷殿は持ち堪えて押し返しましたが、中納言殿も押し返したので、大谷殿は持ち堪えられず崩れました。

石田隊は一時（約二時間）も持ちこたえられず壊滅したとある。開戦時刻は「辰の刻」あるいは「辰の刻と巳の刻の間」であるため、午前十時あるいは十一時以前に壊滅したことになるが、「一時もこたへす」は、あくまで大重平六の感覚と記憶によるものであるため、深く考える必要はないだろう。石田隊の壊滅の後に秀秋の寝返りが記されているように、時系列が前後している箇所もみられる。

『大重平六覚書』の記述で興味深いのは、島津惟新が三成や豊久が壊滅する直前まで鎧を着用していなかった点である。惟新隊が敵中突破をおこなう直前まで戦闘に参加していなかったことが窺えるとともに、六十六歳での参戦はかなりの負担があった様子が窺える。

惟新が後年に記した『惟新公御自記《いしんこうおんじき》』にも「引き退きたいが、老武者であるため、伊吹山の大山を越え難し。たとえ討たれようとも、敵に向かって死ぬべきだと思い、本道に乗り、向かう者を討ち果たし追い散らし」とあり、老軀《ろうく》をおして参戦した様子が伝わってくる。

『慶長年中卜斎記』や『関原始末記』、『武家事紀』は、井伊直政は島津惟新を追撃中に狙撃されたとし、『井伊家慶長記《いいけけいちょうき》』も同様であるが、帖佐宗光の覚書（第四章１０９頁［史料8］参照）では敵中突破の前に狙撃されており、直政が撃たれた動揺を突いて島津勢は敵中突破をおこなっている。

『関ヶ原御合戦双紙』には「（忠吉は）井侍従（直政）を伴われ、諸共《もろとも》に攻め掛かり、戦って、疵《きず》を受け、比類なき働きなり」と、松平忠吉と直政が共に攻撃を仕掛けて負傷したことしか記されておらず、追撃中というよりは正面攻撃で負傷したような印象である。帖佐宗光の覚書の記述が正しい可能性は十分にある。

また『山田晏斎覚書』は、惟新隊が家康の本隊を横切った後は「敵勢は薄くなり、（惟新は）駒野（岐阜県海津市）へ御出になった」としており、関ヶ原を抜けた後は、通説ほど猛追撃は受けていないと思われる。

六　小早川秀秋の寝返り

最後に六点目として、小早川秀秋が松尾山《まつおやま》（関ケ原町松尾）を下りて大谷隊を攻撃した時刻を考察したい。大関（関ケ原町松尾）には宇喜多秀家や大谷吉継ら西軍諸将が布陣しており、東軍が猛攻を加える前に寝返ることは秀秋の孤立を意味する。霧が晴れる前に行動を起こすことはないだろう。

また第六章で述べたように、一進一退の攻防が続いた後に秀秋の寝返りがあった点を踏まえると、午前十時以降であることは確実である。

松尾山は標高二九三mであり、史跡・小早川秀秋陣跡となっている山頂の主郭（本丸）から麓まで下りるには約三十分かかる。そして、松尾山の麓から藤下《とうげ》（関ケ原町藤下）を経由して史跡・不破《ふわ》の関跡《せき》（関ケ原町松尾）までの距離は、約千三百mある。

昨夜から今朝にかけて一変した関ヶ原の状況（両軍の布陣）を霧が晴れた午前十時から把

握し、その上で攻撃対象を決定して、松尾山を下りる過程を経れば、大関の大谷隊を攻撃した時には午前十一時頃に至っていよう。

［史料17］によれば大谷隊は一度、小早川隊を押し返しているので、大谷隊の壊滅は午前十一時二十分頃と考えられる。大谷隊を破った東軍諸隊が宇喜多隊と石田隊の攻撃に加わり、正午頃に宇喜多隊と石田隊は壊滅したという流れとなる。

軍記には、秀秋が松尾山を下りて大谷隊を攻撃した時刻は記されていない。その影響か『日本戦史』も明確に秀秋の寝返りの時刻を記していないが、文脈から正午頃としていると考えられる。秀秋の寝返りは通説より約一時間早い。

では、一斉射撃によって秀秋が寝返ったとする逸話が虚構にもかかわらず、寝返りが開戦と同時ではないとするならば、切っ掛けは何に求められるのであろうか。『戸田左門覚書《とださもんおぼえがき》』には、東軍の先陣・福島正則隊の鬨《とき》の声に呼応して秀秋は寝返る手筈《てはず》となっていたが、福島隊が鬨の声を上げても秀秋は動かなかった。原因は、福島隊が軍の配置を変更していたことや、霧が深くて敵味方が不分明であったためであり、霧が晴れた後、秀秋は松尾山から西軍に攻めかかったとある。

『戸田左門覚書』は、第四章で信憑性は高くないと指摘した史料であるが、秀秋が動かなかった原因を霧に求める点は状況と矛盾していない。秀秋に日和見の考えはなかったとしても、寝返りをおこなう好機を判断するには霧が晴れるという条件が必要であり、そこから行動を開始すれば自ずと時間は経過しているのである。

終章　慶長五年九月十五日関ヶ原合戦の復元

一　家康の赤坂着陣

終章では、第四章と第七章の検討を踏まえて、本書のメインテーマである関ヶ原合戦〈以下、本戦と表記〉当日の様子を復元してゆく。

慶長五年（一六〇〇）九月十四日の午後七〜八時ごろ、大垣城《おおがき》（大垣市郭町）およびその周辺に布陣していた西軍の石田三成、宇喜多秀家《うきたひでいえ》、小西行長《こにしゆきなが》、島津惟新《しまづいしん》は、関ヶ原へ移動を開始した。大垣城には福原長堯《ふくはらながたか》らが守将として残った。雨が降る中の行軍であり、東軍に気付かれないように、牧田《まきだ》（大垣市上石津町）を経由した迂回路を通っている。

三成ら西軍主力が関ヶ原へ移動したのは、同日に徳川家康が赤坂《あかさか》（大垣市赤坂町）に着陣した点が大きい。

第二章で述べたように、大垣城は東軍に囲まれている状況であった。こうした状況下で家康が赤坂に着陣したことは、東軍の戦力に余裕が出来たことを意味しており、南宮山《なんぐうさん》の毛利勢を殲滅して大垣城を孤立させる戦略や、抑えの部隊を残して上方を目指す戦略が可能となった。そのため三成らは、大垣城孤立の回避と、家康の西上阻止の二つの理由から関ヶ原へ移動を余儀なくされたのである。

家康が率いる本隊の兵員数は、『朝野《ちょうや》旧聞裒藁《きゅうぶんほうこう》』には三万二千七百三十騎とあり、『日《に》本戦史《ほんせんし》・関原役《せきがはらえき》』〈以下『日本戦史』と表記〉も三万二千七百余とする。

東山道（中山道）を進む徳川秀忠《とくがわひでただ》の隊が三万八千七十騎（『朝野旧聞裒藁』）あるいは三万八百余（『台徳院殿御実紀』）とされているので、家康と秀忠の隊を合わせると約七万となる。

会津（福島県会津若松市）の上杉景勝《うえすぎかげかつ》、常陸国《ひたちのくに》（茨城県）の佐竹義宣《さたけよしのぶ》が関東へ攻め入る可能性を考慮すると、会津征討の軍役《ぐんやく》基準「百石に三人役」（石高百石ごとに三人出す）以上の比率で兵員を遠征に割くとは考え難い。

よって、会津征討の軍役基準「百石に三人役」を、徳川領（石高）の二百四十万二千石〈以下、石高は『慶長三年大名帳』に記載されている石高を基準とする〉に当てはめて計算すると、兵員数は七万二千六十となる。家康の三万二千七百三十騎、秀忠の三万八千七十騎は、徳川氏が遠征に充てることが出来る兵員を家康と秀忠で二分した数といえる。

しかし、小山評定《おやまひょうじょう》で東海道《とうかいどう》に所領を有する豊臣系大名が居城の進上を申し出たことで、東海道筋の城々に徳川家臣が番手として置かれることとなった。そして、掛川《かけがわ》城（静岡県掛川市）の番手を務めた松平定勝《まつだいらさだかつ》と横須賀《よこすか》城（静岡県掛川市）の番手を務めた三宅康貞《みやけやすさだ》を除けば、番手を務めたのは皆、一万石以上を有している。

また、家康は東海道筋の城々だけではなく、常滑《とこなめ》（愛知県常滑市）、師崎《もろざき》（愛知県知多郡南知多町）にも番手を置いている。これら番手を務めた家臣の所領（石高）の総計は約十一万二千石であり、彼らの兵も家康の三万二千七百三十騎の中に含まれていると考えられる。また三万二千七百三十騎は、備《そなえ》（部隊）を構成して前線で戦った松平《まつだいら》忠吉《ただよし》と井伊《いい》直政《なおまさ》の兵も計算上、含まれると考えられるため、家康本隊の兵員数は多くても二万と考えられる。

東西両軍の兵員数については、『日本戦史』が「東西両軍兵員の実額、得て知るべからず」と述べているように、わからないことの方が多い。そのため『日本戦史』は、会津征討の軍役基準を当てはめて兵員数を算出している。

しかし、東軍については、東軍の豊臣系大名が清須を出陣した日にあたる八月二十一日付けで福島正則《ふくしままさのり》が諸将の兵員数を記した覚書〈以下「正則覚書」と表記〉があり、そこに記されている武将については実数に近い兵員数がわかる。

なお、家康は本戦で伊予《いよ》札黒糸威《ざねくろいとおどし》胴丸具足《どうまるぐそく》を着用したとされる（久能山：二〇二三）。この具足は、大黒天を夢で見た家康が作らせたと伝えられ、兜は大黒頭巾を打ち出した形になっている。また、歯朶《しだ》の前立《まえだて》が付属していることから歯朶具足と呼ばれるが、兜には前立を装着する角本《つのもと》がないという特徴もある。

時代劇やイラストをはじめとして、家康が本戦で着用した具足としてイメージが定着しているが、久能山東照宮蔵『歯朶具足《しだぐそく》御由緒《ごゆいしょ》』によると、伊予札黒糸威胴丸具足は大坂の陣で携行し、本戦では日光東照宮に奉納されている南蛮胴具足《なんばんどうぐそく》を携行したという。

渡辺守綱《わたなべもりつな》は、会津征討の直前に家康から南蛮胴具足（個人蔵・徳川美術館寄託）を下賜されており（『寛永伝』）、榊原康政《さかきばらやすまさ》も同時期に南蛮胴具足（東京国立博物館蔵）を下賜されている。

南蛮胴具足は鉄炮に対して高い防御性能を誇った実戦的な武具であり、出陣の直前に股《こ》肱之《こうの》臣《しん》に下賜している点からも家康が南蛮胴具足の性能を高く評価していることが窺える。にもかかわらず、家康自身が用いないとは考え難い。戦場には南蛮胴具足を着用した家康の姿があったと考えられる。

二　西軍、関ヶ原に到着

島津惟新隊は十五日の午前四時頃に関ヶ原に到着している。既に石田三成は関ヶ原に到着しており、小関《こぜき》（関ケ原町関ケ原）の笹尾に布陣した（第四章102頁・図6参照）。

八月五日付けで三成が真田《さなだ》昌幸《まさゆき》父子に宛てた書状に副《そ》えられた「備之《そなえの》人数書《にんずうがき》」には、各方面における西軍の布陣と、諸将の兵員数が記されている（『真田家文書』）。「備之人数書」によると、三成の兵員数は六千七百である。

しかし「備之人数書」には、従軍（あるいは出兵）したと考えられない中川秀成《なかがわひでなり》（豊後岡城主）の名があるほか、島津惟新の兵員数が五千となっているなど正確でない点がみられる。一方、立花宗茂《たちばなむねしげ》（親成）については三千九百と記されているが、惟新は八月二十日付けの書状で「立花殿は千三百人を課せられていたが、四千人率いて来た」と述べており、実数に近いことがわかる（『島津家文書』）。また、惟新は九月七日付けで国許《くにもと》にいる息子・忠恒《ただつね》に宛てて「合計五千の兵は必ず送って欲しい」と述べている（『島津家文書』）。「備之人数書」を踏まえると、五千という数字は惟新が軍役として課せられていたため出て来たと考えられる。「備之人数書」は実際に率いてきた兵員数を記した箇所と、軍役として課した数を記した箇所が混在していると考えられる。

三成の兵員数については、石高の十九万四千石に会津征討の軍役基準を当てはめると、五千八百二十となるため、「備之人数書」の記述は大袈裟な数字ではない。約六千はいたと考えられる。

三成と同じく小関に布陣した島津勢も午前六時頃に布陣を終えている。島津勢の兵員数については、八月二十日付けの惟新の書状に「薩摩勢は僅か千人以下」とある（『島津家文書』）。しかし、同史料には島津豊久《しまづとよひさ》（日向佐土原城主）が国許から呼び寄せた兵が合流したことも記されている。

豊久は独立した大名の扱いを受けているため、千人以下とされる薩摩勢の中に豊久の佐土原勢は含まれないであろう。豊久の兵員数は不明だが、石高の二万八千六百五十石に「百石に三人役」を当てはめると、八百五十九人になる。しかし、惟新が四月二十七日付けで兄・龍伯《りゅうはく》に宛てた書状には、島津氏は御留守番であるため、会津征討の際に課せられた軍役は「百石に一人役」（石高百石ごとに一人出す）と述べている（『島津家文書』）。

前述のように惟新は、立花宗茂（筑後柳川城主）に課せられた軍役は千三百人と述べている。そして、宗茂が十三万二百石であることを踏まえると、「百石に一人役」の計算となる。九州の大名の軍役は「百石に一人役」ということであろうか。少なくとも惟新はそのように認識していたと思われる。そのため、豊久が国許から呼び寄せた兵員数も「百石に一人役」に基づいている可能性が高く、その場合は二百八十六人となる。あとは、大乱という非常事態に臨んで豊久がどれだけ動員の基準を上げたかである。
九月七日付けの惟新の書状によると、同月五日に薩摩から増援が計二百八十七人到着したとある（『島津家文書』）。そして、九月十三日には山田《やまだ》有栄《ありなが》が約三十人を率いて大垣に到着（『山田晏斎覚書』）、長寿院盛淳《ちょうじゅいんもりあつ》も約七十人を率いて合流している（『井上主膳覚書』）。これらのことから、島津勢は惟新と豊久の兵を合わせて凡《およ》そ千五百〜二千の範囲と思われる。吉川広家自筆書状案（第三章77頁［史料5］参照）には「選りすぐりの三千の軍」とあるが、信憑性は高くない。

　そのほかの西軍諸隊も午前七時までには布陣を完了させた。小西行長（肥後宇土城主）も小関に布陣している。「備之人数書」によると、兵員数は二千九百とある。行長も九州の大名だが、石高の十四万六千三百石に「百石に一人役」を当てはめると千四百六十三人となるため、「百石に一人役」を上回る。立花宗茂の事例と同様に「備之人数書」に記されている行長の兵員数は実数に近いと思われる。しかし、行長は同年（慶長五年）正月に上洛してからは領国に帰還していないことから、当初から十分な兵がいたとは考え難く、領国からの増援を受けて二千九百人ほどになったと考えられる。

　宇喜多秀家は天満《てんま》山《やま》に布陣した。「備之人数書」によると兵員数は一万八千である。石高の四十七万四千石に会津征討の軍役基準「百石に三人役」を当てはめると一万四千二百二十であるから、妥当な数に感じてしまうが、宇喜多家は同年正月の御家騒動で老臣たちが去っているため、どれくらいの兵がいたか不明である。

しかし、秀家の老臣・明石全登《あかしてるずみ》は、戸川達安《とがわみちやす》に宛てた返書において「お聞き及びのことでしょうが、上方において名のある者たちを多数召し抱えましたので、家中のことは全く問題ありません。ご安心ください」と述べている（『水原岩太郎氏所蔵文書』）。このことから、宇喜多氏は牢人《ろうにん》を雇うことで家臣団の充足をはかったことがわかる。

なお『寛永諸家系図伝《かんえいしょかけいずでん》』〈以下『寛永伝』と表記〉小幡景憲《おばたかげのり》の項には、宇喜多隊は八千とある。石高からすると兵員数が少なく感じられるが、宇喜多氏の置かれた状況を踏まえると的外れな数ではないため、八千と仮定したい。

山中（関ケ原町山中）・藤下《とうげ》（関ケ原町藤下）の一帯に布陣していた大谷吉継《おおたによしつぐ》、平塚為広《ひらつかためひろ》、戸田勝成《とだかつしげ》、脇坂安治《わきざかやすはる》、小川祐忠《おがわすけただ》、朽木元綱《くつきもとつな》、赤座直保《あかざなおやす》も、三成らが関ヶ原へ移動したのを受けて兵を進め、藤古川《ふじこがわ》（関の藤川）を越えて大関《おおせき》（関ケ原町松尾）に布陣した。「備之人数書」によると、兵員数は大谷隊が千二百、戸田隊が五百、脇坂隊が千二百、小川隊が二千五百である。

そして、城として整備された松尾山《まつおやま》には、小早川秀秋《こばやかわひであき》が入っていた。「備之人数書」によると、兵員数は八千である。『中臣祐範記《なかとみすけのりき》』（第六章１５０頁［史料12］参照）には一万五千余とあるが、三成が上方にいる小早川隊の兵員数を少なく記すとは考え難いので、「備之人数書」にある八千の方が正しいと考えられる。

三　大垣エリアの戦い

西軍は、東山道と北国脇往還《ほっこくわきおうかん》を塞ぐように布陣した。むろん、大垣城と南宮山も依然として東軍と対峙を続けており、西軍は関ヶ原－南宮山－大垣城の防衛ラインで東軍を食い止める作戦であった（第二章61頁・図3参照）。

南宮山一帯には、毛利秀元《もうりひでもと》、吉川広家《きっかわひろいえ》、安国寺恵瓊《あんこくじえけい》ら毛利勢、長宗我部盛親《ちょうそかべもりちか》、長束正家《なつかまさいえ》が布陣している。「備之人数書」は毛利秀元が率いる毛利勢の兵員数を一万とし、伊達政宗は書状で秀元の軍勢を「僅か一万五千くらい」と記している（『片倉代々記』）。光成準治《みつなりじゅんじ》氏は南宮山の毛利勢を一万五千程度と考察している（光成：二〇一四）。

「備之人数書」によると、長束隊の兵員数は千、長宗我部隊は二千百である。しかし、島津惟新は八月二十日付けの書状で「長宗我部殿は凡《およ》そ二千人の軍役であるが、秀頼様への御奉公として五千人を率いて近日中に伊勢国に着陣するとのことです」と述べているため、長宗我部隊の兵員数は五千に近かったのではないかと思われる（『島津家文書』）。『関ヶ原御合戦双紙』は、南宮山一帯に布陣した軍勢を「二万ほど」としており、前述の内容を踏まえると、毛利勢は約一万五千、長宗我部隊は五千弱、長束隊は約千であったと考えられる。

大垣城には、福原長堯《ふくはらながたか》、相良頼房《さがらよりふさ》、秋月種長《あきづきたねなが》、高橋元種《たかはしもとたね》、垣見一直《かきみかずなお》、熊谷直盛《くまがいなおもり》、木村由信《きむらよしのぶ》が守将として残った。「備之人数書」によると、兵員数は福原隊が五百、相良隊が八百、秋月隊が六百、高橋隊が八百、垣見隊が四百五、熊谷隊が四百五である。

一方の東軍は、南宮山の抑えに池田輝政《いけだてるまさ》と浅野幸長《あさのよしなが》が布陣した。「正則覚書」によると、兵員数は池田隊が六千五百、浅野隊は五千である。

有馬豊氏《ありまとようじ》は赤坂《あかさか》（大垣市赤坂町）に布陣し、堀尾忠氏《ほりおただうじ》、山内一豊《やまうちかずとよ》も大垣城の抑えとして配置されている。「正則覚書」によると、兵員数は有馬隊が二千二百、堀尾隊が四千、山内隊が二千六百である。

大垣城と南宮山の間に位置する長松《ながまつ》城（大垣市長松町）には、一柳直盛《ひとつやなぎなおもり》が駐屯している。また、大垣城の城攻軍として水野勝成《みずのかつなり》、西尾光教《にしおみつのり》が曽根《そね》（大垣市曽根町）に、松平康長《なが》は曽根と赤坂の間に布陣した。

史跡・毛利秀元陣跡（垂井町宮代、上石津町）からは、関ヶ原方面は山が邪魔して見えないのに対して、大垣方面は一望できるように、南宮山は大垣城との連携を意図した拠点であった。つまり、大垣城と南宮山は一つのエリアとして括《くく》ることができる。

「南宮山の軍勢が山を下りて東軍の背後を突けば西軍は勝利できた」と言われることがある。しかし、大垣エリアの西軍（南宮山の約二万、大垣城の約三千五百〜四千）と東軍の兵員数を比較しても大差はなく、さらに不戦の密約を交わしている吉川広家隊が動かないことを踏まえると、実動数は東軍の方が多い。

毛利秀元が家臣・桂《かつら》元延《もとのぶ》の退却戦における活躍を賞していることから、南宮山でも多少の戦闘はあったと考えられる（『長府桂家文書』）。しかし、南宮山の西軍が東軍に対して優位であったわけではなく、こうしたなか南宮山を下りることは高所の利を失うことになる。吉川広家は自筆書状案（第三章77頁［史料5］参照）で、広家が諸隊を足止めして出撃させなかったと主張しているが、諸隊は足止めされていたわけではなく、高所の利を活かして戦いたかったため、山を下りなかったというのが実情ではなかろうか。

四　開戦

東軍も、大垣城の西軍が関ヶ原へ移動したのを受けて十五日未明に関ヶ原へ移動を開始し、西軍と対峙するように布陣した。家康は、野上《のがみ》（関ケ原町野上）と関ヶ原の間にある桃配山《ももくばりやま》に本陣を定めた。

午前八時～九時頃、未だ霧が晴れぬ中、東軍の松平忠吉が井伊直政の補佐のもと宇喜多秀家隊に攻撃を仕掛けて戦端を開いた。先陣は福島正則《ふくしままさのり》であったため、忠吉と直政の行為は抜け駆けとなる。忠吉と直政が戦端を開いたのを目の当たりにした正則も東山道を進んで宇喜多隊を攻撃した。「正則覚書」によると、福島隊の兵員数は六千五百である。

忠吉と直政の兵員数は不明であり、『日本戦史』は会津征討の軍役基準を当てはめた数で、忠吉隊を三千、井伊隊を三千六百とする。しかし、『寛永伝』小幡景憲の項によると、井伊隊は二千とある。直政の居城・高崎城《たかさき》（群馬県高崎市）には諏訪頼水《すわよりみず》が番手として入っているにもかかわらず、井伊隊が会津征討の軍役基準を下回っている点は腑に落ちないが、小幡景憲は井伊隊に属していたことから一定の信憑性があると考えて、二千と仮定したい。

福島隊の攻撃とともに、ほかの東軍諸隊も攻撃を開始した。しかし、霧が深かったため、前線にいる隊が慎重に進みながら攻撃をおこなっている。

黒田長政《くろだながまさ》、細川忠興《ほそかわただおき》、加藤嘉明《かとうよしあき》、金森可重《かなもりよししげ》は北国脇往還を進軍して石田隊を攻撃した。「正則覚書」によると、兵員数は黒田隊が千三百、細川隊が二千、加藤隊が千六百である。また、加藤隊には客将として戸川達安の姿があった。

天満山の宇喜多隊へは、福島正則、松平忠吉、井伊直政が攻撃した。井伊直政の近くには本多忠勝《ほんだただかつ》も布陣している。

『板坂卜斎覚書《いたさかぼくさいおぼえがき》』には、本多忠勝隊は小姓《こしょう》たちばかりで四百に満たない軍勢であり、本多家の主力は嫡男・忠政《ただまさ》が率いて、東山道を進む徳川秀忠に従っていたとある。『日本戦史』も忠勝隊を五百としている。

しかし、名馬・三国黒《みくにぐろ》を被弾で失った忠勝に馬を渡した梶正道《かじまさみち》は、忠勝の御附人《おつけびと》（与力）であり、四千石を有している（『本多家臣略系譜』）。そのほかの忠勝の配下の動向をみても、御附人・直臣ともに本戦に参戦した者の石高の総計は、それぞれの約三割を占めていることに加えて、核となる人材が忠勝隊に割かれている（水野：二〇二〇）。忠勝隊は本多家の総戦力の三割（概算で千人ほど）はいたと考えられる。

藤堂高虎、京極高知《きょうごくたかとも》は、東山道の南を進軍し、不破《ふわ》の関《せき》跡の周辺に布陣する大谷吉継、平塚為広、戸田勝成と交戦した。「正則覚書」によると兵員数は、藤堂隊・京極隊ともに千五百である。寺沢広高《てらざわひろたか》も藤堂隊・京極隊の後に続いている。

五　激戦

午前十時頃には天候が好転し、霧も晴れてゆき視界が良くなっていった。ここから総力を挙げた衝突がおこなわれた。

石田隊では前衛の島清興《しまきよおき》が善戦するが、南西に布陣する島津豊久隊は敵を待ち構える姿勢であったため、助勢を受けられなかった。豊久隊が敵を待ち構える姿勢であったのは兵力に余裕が無かったためと考えられる。

三成は、八十島助左衛門《やそじますけざえもん》を使者として豊久の陣へ派遣し、後続の助勢を依頼した。豊久は「委細、承知した」と返答するが、豊久隊は動かない。そのため、八十島は再び依頼に訪れるが、馬上で使命を伝えたことを島津家臣に咎められて引き返した。

その後、三成自身が助勢を頼みに訪れるが、豊久に「今日の戦闘は各隊がそれぞれ、力を尽くして戦おうではないか。御方（三成）もその通りに御心得いただきたい」と断られる。三成は「武運を祈る」と言って去った。

大関でも大谷吉継隊が善戦し、藤堂高虎隊は多くの被害を出している（『藤堂家覚書』）。

六　小早川秀秋の寝返り

松尾山の小早川秀秋は、東軍としての参戦を決めているが、昨夜から今朝にかけて一変した関ヶ原の状況をつかみかねており、全く動けずにいた。ところが、霧が晴れて山頂から関ヶ原が一望できることになったことで、状況把握を始めた。そして、藤下を経由して大関の大谷吉継の陣を背後から攻撃することに決めて出撃命令を出した。

小早川隊が大谷隊と交戦したのは、午前十一時頃である。大谷隊は一度、小早川隊を押し返すが、午前十一時二十分頃に壊滅した。これと前後して大関の南に布陣していた脇坂安治、小川祐忠、朽木元綱、赤座直保も大谷隊を攻撃した。この戦闘で大谷吉継、平塚為広、戸田勝成が戦死している。

七　家康、関ヶ原へ進軍

一方、桃配山にいる家康は、松尾山の小早川隊が動いたことで戦局が「激変」というレベルで好転したのを目の当たりにして焦燥に駆られていた。

史跡・徳川家康最初陣跡（関ケ原町野上）から史跡・決戦地（関ケ原町関ケ原）までは約二・八㎞である。家康本隊は戦闘に参加していないに等しい。松平忠吉、井伊直政、本多忠勝が前線で戦っているとはいえ、その割合は東軍の前線部隊の約五分の一でしかなく、そのほかは福島正則ら豊臣系大名であった。

主戦場に家康が不在のまま、勝敗が決してしまっては、実質的に西軍を破ったのは豊臣系大名になってしまう。これでは家康の立つ瀬がないばかりか、豊臣系大名の地位の上昇は計り知れない。なんとかして家康は戦闘に加わらなくてはならなかった。家康は関ヶ原へ向けて進軍を開始した。

八　決着

大谷隊が壊滅したことで、大谷隊と戦っていた東軍諸隊は、二手に分かれて宇喜多隊と石田隊の攻撃に加わった。島清興が率いる石田隊の前衛は、これまで優勢に戦っていたが、崩れていく。そして、正午頃に宇喜多隊と石田隊は敗走した。小西隊もこの頃に崩れたと推測する。

宇喜多隊と石田隊を破った東軍諸隊は、双方向から島津勢を攻撃した。前衛の島津豊久隊が破られ、東軍は島津惟新隊に迫る。本多忠勝が乗る名馬・三国黒が島津勢の銃弾に当たったのは、この頃と思われる。

一方、六十六歳の惟新にとって具足を身に着けるのは身体に負担であることから、惟新は未だ具足を着用していなかった。しかし、東軍が迫っているのを受けて惟新は具足を着せるように命令した。

そして、高齢の自身にとって山越えは厳しいと考えた惟新は、敵中突破を敢行して街道を進むことに決めた。

迫る東軍に対して、惟新隊は必死に応戦した。そして、島津家臣・川上忠兄《かわかみただよし》の家来である柏木源藤《かしわぎもとひさ》の銃弾が井伊直政を撃ち抜き、東軍に動揺が起きた。惟新は、その隙を突いて敵中突破を命じた。

一方、家康本隊は正午頃に関ヶ原に到着した。そして、敵中突破をおこなう惟新隊と家康本隊が東山道で遭遇した。この時、若干戦闘があったと考えられ、小栗忠政《おぐりただまさ》が島津勢の騎兵を討ち取っている。

惟新隊が関ヶ原を離脱したことで、関ヶ原から西軍は全ていなくなった。十二時半～十三時頃のことである。なお、惟新の敵中突破にあたって長寿院盛淳《ちょうじゅいんもりあつ》と島津豊久が関ヶ原で戦死している。また、関ヶ原で西軍が敗れたのを受けて南宮山一帯に布陣する毛利秀元、安国寺恵瓊、長宗我部盛親、長束正家も撤退した。こうして約五時間に及んだ本戦は徳川家康が率いる東軍の勝利で幕を下ろした。

主要参考文献

【史料集】

井上泰至・湯浅佳子『関ヶ原合戦を読む――慶長軍記 翻刻・解説』（勉誠出版、二〇一八年）
上野市古文献刊行会編『高山公実録――藤堂高虎伝』上巻（清文堂出版、一九九八年）
『改定史籍集覧』第十五冊（臨川書店、復刻版一九八四年）
『改定史籍集覧』第二十六冊（臨川書店、復刻版一九八四年）
『鹿児島県史料 旧記雑録後編』三（鹿児島県、一九八三年）
『鹿児島県史料 旧記雑録拾遺 記録所史料』一（鹿児島県、二〇一二年）
『鹿児島県史料集第十三集 本藩人物誌』（鹿児島県立図書館、一九七三年）
『寛永諸家系図伝』第一〜第十四（続群書類従完成会）
『久能山叢書』第三編（久能山東照宮社務所、一九七三年）
『黒田家文書』第一巻（福岡市博物館、一九九九年）
『国史叢書 関原軍記大成』二（国史研究会、一九一六年）
『国史叢書 関原軍記大成』三（国史研究会、一九一六年）
『真田宝物館収蔵品目録 長野県宝 真田家文書』一（松代藩文化施設管理事務所、二〇〇四年）
『舜旧記』第一（続群書類従完成会、一九七〇年）
『史料纂集古記録編 中臣祐範記』第一（八木書店、二〇一五年）
『新訂増補国史大系 徳川實紀』第一篇（吉川弘文館、一九二九年）
『戦国史料叢書1 太閤史料集』（人物往来社、一九六五年）
『戦国史料叢書第二期6 島津史料集』（人物往来社、一九六六年）
『千秋文庫所蔵佐竹古文書』（東洋書院、一九九三年）

『続群書類従』第二十五輯上 武家部（続群書類従完成会、一九五九年）
『大日本古記録 言経卿記』十一（岩波書店、一九八〇年）
『大日本古文書 家わけ第二 浅野家文書』（東京大学出版会、一九六八年）
『大日本古文書 家わけ第三 伊達家文書之二』（東京大学出版会、一九六九年）
『大日本古文書 家わけ第八 毛利家文書之三』（東京大学出版会、一九七〇年）
『大日本古文書 家わけ第九 吉川家文書之二』（東京大学出版会、一九七〇年）
『大日本古文書 家わけ第九 吉川家文書別集』（東京大学出版会、一九七〇年）
『當代記 駿府記』（続群書類従完成会、一九九五年）
『藤堂高虎関係資料集 補遺』（三重県、二〇一一年）
徳川義宣『新修徳川家康文書の研究』（徳川黎明会、一九八三年）
徳川義宣『新修 徳川家康文書の研究』第二輯（徳川黎明会、二〇〇六年）
『戸田左門覚書』（民友社、一九一四年）
『内閣文庫所蔵史籍叢刊 特刊第一 朝野舊聞裒藁』第十巻（汲古書院、一九八三年）
中村孝也『新訂 徳川家康文書の研究』中巻（日本学術振興会、一九八〇年）
『彦根城博物館古文書調査報告書』七（彦根市教育委員会、二〇〇〇年）
『福原家文書』上巻（渡辺翁記念文化協会、一九八三年）
『武家事紀』中（山鹿素行先生全集刊行会、一九一六年）
『美濃明細記・美濃雑事記』（一信社出版部、一九三二年）
松田毅一監訳『十六・七世紀イエズス会日本報告集』第Ⅰ期第3巻（同朋舎出版、一九八八年）
『水野勝成覚書』（福山城博物館友の会、一九七八年）

（自治体史）

『愛知県史』資料編十三 織豊三（二〇一一年）
『岐阜県史』史料編 古代中世四（一九七三年）
『甲府市史』史料編 第二巻 近世一（一九八七年）

『新修彦根市史』第六巻 史料編 近世一（二〇〇二年）
『新修福岡市史』資料編 中世一 市内所在文書（二〇一〇年）
『関ケ原町史』史料編一 古代・中世・近世（一九七八年）
『仙台市史』資料編十一 伊達政宗文書二（二〇〇三年）
『早島の歴史』三 史料編（一九九九年）
『山口県史』史料編 中世四（二〇〇八年）

（図録）
『決戦関ケ原大垣博特別展』（決戦関ケ原大垣博実行委員会、二〇〇〇年）
『徳川家康没後四〇〇年記念 特別展 大関ケ原展』（二〇一五年）
『特別展図録 本多家とその家臣団 付本多家臣略系譜』（岡崎市、第二版二〇〇〇年）

【編著書】
梅田晋一編『美濃古城史』（貫道舎、一八九三年）
太田浩司編『石田三成——関ヶ原西軍人脈が形成した政治構造』（宮帯出版社、二〇二二年）
小川雄「秀吉死後の政局と将軍就任」（黒田基樹編著『戦国大名の新研究3 徳川家康とその時代』戎光祥出版、二〇二三年）
笠谷和比古『関ケ原合戦と近世の国制』（思文閣出版、二〇〇〇年）
笠谷和比古『関ヶ原合戦——家康の戦略と幕藩体制』（講談社、二〇〇八年）〈初出一九九四年〉
笠谷和比古『論争関ヶ原合戦』（新潮社、二〇二二年）
神谷道一『関原合戦図志』（小林新兵衛、一八九二年）
『岐阜県中世城館跡総合調査報告書』第一集（岐阜県教育委員会、二〇〇二年）
『岐阜関ケ原古戦場記念館公式ガイドブック』（岐阜県、二〇二〇年）
久能山東照宮協力『国宝・久能山東照宮所蔵 徳川家康の名宝』（小学館、二〇二三年）
黒田基樹『羽柴を名乗った人々』（KADOKAWA、二〇一六年a）

黒田基樹『近世初期大名の身分秩序と文書』（戎光祥出版、二〇一六年b）
古典遺産の会編『戦国軍記事典 天下統一篇』（和泉書院、二〇一一年）
参謀本部編『日本戦史 関原役』（元真社、一八九三年）
下村效『日本中世の法と経済』（続群書類従完成会、一九九八年）
白峰旬『新解釈 関ヶ原合戦の真実——脚色された天下分け目の戦い』（宮帯出版社、二〇一四年）
太向義明「『当代記』研究ノート——時間的文言の分析（巻一・二）」（磯貝正義先生追悼論文集刊行会編『戦国大名武田氏と甲斐の中世』岩田書院、二〇一一年）
高橋修『戦国合戦図屏風の歴史学』（勉誠出版、二〇二一年）
中村友一『日本古代の氏姓制』（八木書店、二〇〇九年）
日本史史料研究会監修、白峰旬編著『関ヶ原大乱、本当の勝者』（朝日新聞出版、二〇二〇年）
野村玄『天下人の神格化と天皇』（思文閣出版、二〇一五年）
野村玄『豊国大明神の誕生——変えられた秀吉の遺言』（平凡社、二〇一八年）
平野仁也『江戸幕府の歴史編纂事業と創業史』（清文堂出版、二〇二〇年）
藤井讓治『日本近世の歴史1 天下人の時代』（吉川弘文館、二〇一一年）
藤井讓治『近世初期政治史研究』（岩波書店、二〇二二年）
藤本正行「関ヶ原合戦で家康は小早川軍に鉄砲を撃ち込ませてはいない」（『歴史読本』一九八四年二月特別増刊、新人物往来社）
本多隆成『徳川家康の決断——桶狭間から関ヶ原、大坂の陣まで10の選択』（中央公論新社、二〇二二年）
水野伍貴『関ヶ原への道——豊臣秀吉死後の権力闘争』（東京堂出版、二〇二一年）
水野伍貴「関ヶ原の戦い——秀吉の『遺言体制』の否定と決戦への道のり」（渡邊大門編『江戸幕府の誕生——関ヶ原合戦後の国家戦略』文学通信、二〇二二年）
水野伍貴「関ヶ原の戦い」（渡邊大門編『徳川家康合戦録——戦下手か戦巧者か』星海社、二〇二二年）
光成準治「軍事力編成からみた毛利氏の関ケ原」（谷口央編『関ヶ原合戦の深層』高志書院、二〇一四年）
山本博文『島津義弘の賭け』（中央公論新社、二〇〇一年）〈初出一九九七年〉
吉田東伍『増補大日本地名辞典』（冨山房、一九七一年）
渡邊大門『誤解だらけの「関ヶ原合戦」——徳川家康「天下獲り」の真実』（PHP研究所、二〇二三年）

【論文】

池田宏「南蛮胴具足」（『和歌山県立博物館研究紀要』第一一号、二〇〇五年）

大澤泉「杤山斉氏所蔵『内府公軍記』」（『大阪城天守閣紀要』第三七号、二〇〇九年）

桐田貴史「石水博物館所蔵『藤堂家覚書』の紹介と分析」（『三重県史研究』第三六号、二〇二一年）

小池絵千花「関ヶ原合戦の布陣地に関する考察」（『地方史研究』四一一号、二〇二一年）

白峰旬「関ヶ原の戦いにおける吉川広家による『御和平』成立捏造のロジック」（『愛城研報告』第一九号、二〇一五年）

白峰旬「関ヶ原の戦いにおける石田三成方軍勢の布陣位置についての新解釈——なぜ大谷吉継だけが戦死したのか」（『史学論叢』第四六号、二〇一六年）

太向義明「『当代記』研究ノート——時間的文言の分析（巻三〜九）」（『武田氏研究』第四八号、二〇一三年）

高橋陽介「関ヶ原新説（西軍は松尾山を攻撃するために関ヶ原へ向かったとする説）に基づく石田三成藤下本陣比定地『自害峰』遺構に関する調査報告」（『城』第二二四号、二〇一七年）

藤本正行「関ヶ原合戦の松尾山城と大谷吉継の陣営」（『中世城郭研究』第二九号、二〇一五年）

藤本正行「城郭夜話——城郭を扱ったＮＨＫの歴史番組への疑問」（『中世城郭研究』第三五号、二〇二一年）

水野伍貴「羽柴豊臣朝臣秀吉の大名統制——名乗りの再検討をめぐって」（『日本地域政策研究』第八号、二〇一〇年）

水野伍貴「秀吉死後の権力闘争からみる家康の国際外交」（『十六世紀史論叢』第八号、二〇一七年a）

水野伍貴「小山評定の歴史的意義」（『地方史研究』三八六号、二〇一七年b）

水野伍貴「関ヶ原の役と井伊直政」（『研究論集 歴史と文化』第二号、二〇一八年）

水野伍貴「関ヶ原の役における吉川広家の動向と不戦の密約」（『研究論集 歴史と文化』第五号、二〇一九年）

水野伍貴「関ヶ原の役と本多忠勝」（『研究論集 歴史と文化』第六号、二〇二〇年）

水野伍貴「『加賀征伐』虚構説の再批判」（『研究論集 歴史と文化』第八号、二〇二一年）

水野伍貴「関ヶ原合戦後の国割に関する一考察」（『十六世紀史論叢』第一六号、二〇二二年a）

水野伍貴「水野勝成の家督相続と関ヶ原の役」（『十六世紀史論叢』第一七号、二〇二二年b）

水野伍貴「関ヶ原合戦布陣図作成に向けた一試論」（『研究論集 歴史と文化』第一〇号、二〇二二年c）

水野伍貴「関ヶ原合戦に関する新説の検討」（『十六世紀史論叢』一八号、二〇二三年a）

水野伍貴「会津征討前夜——『直江状』の真贋をめぐって」（『研究論集 歴史と文化』第一一号、二〇二三年b）

山田昭彦「濃州関ヶ原合戦の展開——福束城の戦いと丸毛氏」（『岐阜県博物館調査研究報告』第三八号、二〇一八年）

おわりに

前著『関ヶ原への道——豊臣秀吉死後の権力闘争』（東京堂出版、以下「前著」と表記）を刊行してから二年が経過した。前著では、筆者が最も関心のある、豊臣秀吉が歿してから西軍が挙兵するまでの期間をテーマとして扱った。この期間は大変面白く、テーマとしては十分であったが、関ヶ原の役という大規模な大乱を総体的に見た場合、前著は導入の部分で終わりを迎えたこととなる。

ゆえに前著では「あとがき」において「本書（引用者註：前著）では扱わなかった前哨戦、各地方での局地戦、本戦（引用者註：関ヶ原合戦）、そして戦後処理については機会があれば書くことにしたい」と述べた。

文言のとおり、具体的な計画など立っていなかったが、筆者のイメージとしては、最初に戦後処理を手掛けて、次に前哨戦と局地戦、最後に本戦と考えていた。この順序は筆者の関心を基準としたものである。

正直なところ、筆者の合戦研究に対する関心は高くなかった。合戦の実態を解明することが困難であることは勿論であるが、一番は「武田信玄と上杉謙信の一騎打ちはなかった」といったように有名な逸話の否定に終始し、合戦像を味気ないものにして終わるだけと思っていたからである。この頃、関ヶ原合戦では「○○はなかった」とする新説が多く発表されていた。

筆者は、時代劇などのエンターテインメントから歴史に興味を持って、研究に足を踏み入れている。ゆえに筆者の（勝手に持っていた）合戦研究に対するイメージから、合戦研究に対する積極性はなかった。

そんな折、渡邊大門氏より『徳川家康合戦録――戦下手か戦巧者か』（星海社）の分担執筆（関ヶ原の戦い）の話を頂き、合戦研究に臨む機会を得た。

この時、真っ先に手掛けたのが布陣地の考察である。紙幅の制約によって詳細に述べることはできなかったものの、史料の考察を基に作成した筆者オリジナルの布陣図を提示した点は自負している。また、この時に得た成果を基に二つの論文「関ヶ原合戦布陣図作成に向けた一試論」（『研究論集 歴史と文化』第一〇号）、「関ヶ原合戦に関する新説の検討」（『十六世紀史論叢』第一八号）を発表した。

本書は、右の拙稿二本と、拙稿「関ヶ原の役における吉川広家の動向と不戦の密約」（『研

究論集　歴史と文化』第五号）を基に構成され、さらに拙稿の発表後の調査で判明した事柄を追記している。

前著と同様に本書も、史料の引用は、読みやすさを考慮して基本的に現代語訳で示しており、原文は掲載していない。また、学術論文の註のように根拠を詳細に記すこともしていない。本書が一般向けの書籍であることを御理解いただき、気になる方は拙稿を参照いただければ幸いである。

関ヶ原合戦というと、平成十二年（二〇〇〇）NHK大河ドラマ『葵　徳川三代』の第一回「総括関ケ原」が真っ先に思い浮かぶ。放送時間のほとんどを合戦シーンに注ぎ込んでおり、松尾山への一斉射撃からの展開は圧巻である。『葵　徳川三代』の面白さを超えることは難しいが、史料を基に復元した合戦像には人間臭い面白さがある。東軍諸将の快進撃で岐阜城が瞬く間に陥落したことで、家康が自身の不在のまま決着が付くことを懼《おそ》れたことは第一章で述べたが、家康は本戦でも主戦場から約二・八㎞離れた桃配山で同じように焦燥に駆られていた。

また、「鬼島津」として有名な島津惟新も年には勝てず、敵中突破を敢行した主な理由は山越えが厳しかったためであった。こうした面白さが本書で少しでも伝われば幸いである。

本書の編集を担当いただいた持丸剛氏には、『徳川家康合戦録――戦下手か戦巧者か』の時も御担当いただいている。持丸氏には本書の企画から、スケジュール管理に至るまでサポートしていただいた。こうして本書を刊行することができたのは持丸氏の御蔭である。厚く御礼を申し上げたい。

二〇二三年八月　水野伍貴

星海社新書 271

関《せき》ヶ《が》原《はら》合戦《かっせん》を復元《ふくげん》する

二〇二三年 九 月一九日 第 一 刷発行

著者 水野《みずの》伍貴《ともき》

発行者 太田《おおた》克史《かつし》

編集担当 持丸《もちまる》剛《つよし》

発行所 株式会社星海社
〒一一二-〇〇一三
東京都文京区音羽一-一七-一四 音羽YKビル四階
電話 〇三-六九〇二-一七三〇
FAX 〇三-六九〇二-一七三一
https://www.seikaisha.co.jp

発売元 株式会社講談社
〒一一二-八〇〇一
東京都文京区音羽二-一二-二一
(販売)〇三-五三九五-五八一七
(業務)〇三-五三九五-三六一五

印刷所 凸版印刷株式会社

製本所 株式会社国宝社

アートディレクター 吉岡《よしおか》秀典《ひでのり》(セプテンバーカウボーイ)
デザイナー 山田《やまだ》知子《ともこ》(チコルズ)
フォントディレクター 紺野《こんの》慎一《しんいち》
校閲 鷗来堂《おうらいどう》

ISBN978-4-06-533267-2
Printed in Japan

271
SEIKAISHA SHINSHO

次世代による次世代のための

武器としての教養
星海社新書

星海社新書は、困難な時代にあっても前向きに自分の人生を切り開いていこうとする次世代の人間に向けて、ここに創刊いたします。本の力を思いきり信じて、みなさんと一緒に新しい時代の新しい価値観を創っていきたい。若い力で、世界を変えていきたいのです。

本には、その力があります。読者であるあなたが、そこから何かを読み取り、それを自らの血肉にすることができれば、一冊の本の存在によって、あなたの人生は一瞬にして変わってしまうでしょう。思考が変われば行動が変わり、行動が変われば生き方が変わります。著者をはじめ、本作りに関わる多くの人の想いがそのまま形となった、文化的遺伝子としての本には、大げさではなく、それだけの力が宿っていると思うのです。

沈下していく地盤の上で、他のみんなと一緒に身動きが取れないまま、大きな穴へと落ちていくのか？　それとも、重力に逆らって立ち上がり、前を向いて最前線で戦っていくことを選ぶのか？

星海社新書の目的は、戦うことを選んだ次世代の仲間たちに「武器としての教養」をくばることです。知的好奇心を満たすだけでなく、自らの力で未来を切り開いていくための〝武器〟としても使える知のかたちを、シリーズとしてまとめていきたいと思います。

2011年9月

星海社新書初代編集長　柿内芳文

SEIKAISHA SHINSHO